KB190675

구약 강해시리즈 (1)

은밀한 축복

엘리사 상

Elisha

은밀한 축복-엘리사 상

이중수 글
처음 찍은날 · 2017년 3월 21일
처음 펴낸날 · 2017년 3월 27일
펴낸이 · 오명진
펴낸곳 · 양들의식탁
출판등록 · 제2015-00018호
주소 · 서울 서초구 강남대로 455, B710호(서초동 강남태영데시앙루브)
전화 · (02)939-5757
보급 · 비전북 전화 (031)907-3927 팩스 080-907-9193
이메일 · jsleemar22@gmail.com(이중수), boseokdugae@hanmail.net(오명진)
페이스북 · 밝은교회-양들의 식탁

ISBN 979-11-960446-1-9 04230
ISBN 979-11-960446-0-2 04230 (세트)

이 도서의 국립중앙도서관 출판시도서목록(CIP)은 서지정보유통지원시스템 홈페이지(http://seoji.nl.go.kr)와
국가자료공동목록시스템(http://www.nl.go.kr/kolisnet)에서 이용하실 수 있습니다.(CIP제어번호: CIP2017006086)

구약 강해시리즈 (1)

은밀한 축복

엘리사 상

Elisha

양들의식탁

머리말

성경은 두 가지 측면으로 이해할 수 있습니다. 하나는 인물 중심으로 읽는 것이고 다른 하나는 교리 중심으로 읽는 것입니다. 본서는 엘리사가 선지자로 소명을 받은 시점에서부터 그가 섬겼던 선지자 학교에서 있었던 여러 가지 형태의 사역까지를 다루었습니다. 그의 사역의 영역은 개인과 국가를 포함합니다. 그는 한 특정 지역에 묶인 선지자가 아니고 각 계층의 일반 평민들과 국가 단위의 고관들을 상대로 사역하였습니다.

엘리사 선지자의 사역의 특징은 놀라운 기적들을 통해서 이스라엘의 하나님이 어떤 분이신지를 드러내는 것이었습니다. 하나님은 오염된 물을 정화해 농사가 잘되게 하시고, 가난한 과부의 설움을 동정하시고 도우시는 분입니다. 그는 침략자들의 손에서 이스라엘을 간단하게 구출하시고, 죽은 아이를 회생시켜 어머니의 품에 안기게 하시는 능력의 하나님이십니다.

우리는 엘리사 선지자의 사역을 통해서 이스라엘의 하나님은 우리 삶의 현장으로부터 멀리 떨어져 계신 분이 아님을 알 수 있습니다. 하나님은 그를 온전히 신뢰하는 믿음의 자녀들을 놀라운 사랑의 능력으로 돌보시는 분입니다. 본 강해서가 구원의 하나님을 더욱 잘 배우고 섬기는 데 도움이 되기를 기원합니다.

이중수

차례

1장 ● 9

사역에로의 부름

열왕기상 19:19~21

2장 ● 24

하나님의 유익을 위한 헌신

열왕기하 2:1~14

3장 ● 45

엘리사의 겉옷

열왕기하 2:8~14

4장 ● 74

헛수고를 하는 사람들

열왕기하 2:15~18

5장 ● 86

여리고의 기적

열왕기하 2:19~22

6장 ● 103

하나님은 장난으로 놀리는 아이들도 죽이실까요?

열왕기하 2:23~25

7장 ● 119

실족을 통한 교훈

열왕기하 3:1~27

8장 ● 142

은밀한 축복

열왕기하 4:1~7

9장 ● 173

'하루'의 섭리 속에서

열왕기하 4:8~17

10장 ● 192

누가 죽은 자를 살리는가?

열왕기하 4:18~37

11장 ● 211

흉년 중에 입증된 하나님의 돌보심

열왕기하 4:38~41

12장 ● 227

증식의 하나님

열왕기하 4:42~44

1장

사역에로의 부름

열왕기상 19:19~21

Elisha 엘리사

　엘리사 선지자에 대한 스토리는 엘리야 선지자의 마지막 사
역과 함께 물려 있습니다. 엘리사는 엘리야의 사역을 이어받을
자였습니다. 그는 엘리야가 이세벨의 위협을 받고 모든 것이 끝
났다고 생각하고 광야에서 죽기를 소원하며 기도하던 때에 하
나님께서 지명하신 새로운 선지자였습니다. 그래서 엘리야 선
지자가 어떻게 해서 엘리사 선지자를 그의 후계자로 부르게 되
었는지를 알 필요가 있습니다.

　엘리야는 자기 목숨을 빼앗기로 맹세한 이세벨의 살의에 질
려 광야로 도주하였고 이어서 호렙 산에서 하나님의 새로운 계

시와 소명을 받았습니다. 엘리야는 이제 새로운 비전을 안고 호렙 산에서 받은 소명에 따라 다메섹 방향으로 요단 계곡을 따라 북쪽으로 올라가고 있었습니다.

깊은 침체에 빠졌던 엘리야는 이제 회복의 길에 올랐습니다. 그는 살아 계신 하나님이 그에게 여전히 말씀하고 계신다는 사실과 그에게 할 일이 있음을 깨닫고 힘을 내었습니다.

그는 푸르고 비옥한 요단 계곡을 지나면서 자신이 이제 황막한 광야에서 벗어났음을 실감했을 것입니다. 그는 더는 영적 침체의 가뭄에 머물지 않았습니다. 어둠의 시간은 이제 지나고 대지에는 새싹이 돋고 있었습니다. 메마른 땅은 단비로 적셔지고 새 소망과 수확의 날을 바라보게 하였습니다. 그는 자신의 뒤를 이어 하나님의 신령한 사역을 맡게 될 후계자를 생각하며 가벼운 걸음으로 아벨므홀라 마을에 도착하였습니다(왕상 19:16).

농부들은 여기저기에서 밭을 갈고 있었습니다. 엘리야는 이곳에서 자기 아버지의 밭을 갈고 있던 사밧의 아들 엘리사를 만났습니다. 그는 바알에게 무릎을 꿇지 않고 하나님의 때를 기다리던 칠천 명 중의 한 사람이었습니다.

엘리야 선지자는 이세벨을 피하여 호렙 산의 한 동굴에 있을 때 하나님에게 불평하였습니다.

"내가 만군의 하나님 여호와께 열심이 유별하오니 이는 이스라엘 자손이 주의 언약을 버리고 주의 제단을 헐며 칼로 주의 선지자들을 죽였음이오며 오직 나만 남았거늘 그들이 내 생명을 찾아 빼앗으려 하나이다"(왕상 19:10, 14).

그때 여호와께서 "내가 이스라엘 가운데에 칠천 명을 남기리니 다 바알에게 입맞추지 아니한 자니라"(왕상 19:18)고 하셨습니다. 이제 엘리야 선지자는 그 칠천 명에 속하는 남은 자 한 사람을 만나게 된 것이었습니다.

: 칠천 명의 여호와 경배자들

우리는 하나님이 남겨 두신 칠천 명에 대해 의문이 많습니다. 이들이 바알에게 무릎을 꿇지 않았다면 왜 아무도 나타나지 않았을까요? 핑크(A.W. Pink)는 그들이 앞으로 생기게 될 자들이라고 봅니다. 그는 칠천 명이라면 그들의 영향이 분명 나타났을 것이라는 판단에서 그들의 존재를 의심합니다. 엘리야는 하나님께 자기만 남고 다른 선지자들은 다 죽임을 당했다고 말하였습니다. 그러나 침체에 빠지면 사물을 바르게 판단하는 능력이 떨어집니다. 침체의 한 증상은 모든 것을 부정적으로 보는 것입니다. 엘리야 선지자는 자신이 아는 사실도 덮어 두고 자신의 궁색한 처지에만 골몰하였습니다. 비근한 예로써, 그는 아합의 궁내 대신인 오바댜가 여호와의 선지자들을 백 명씩 굴에 숨기고 돌보았다는 사실조차 기억하지 못하였습니다. 사실상 오바댜는 이 사실을 엘리야에게도 알렸습니다(왕상 18:13). 그런데도 엘리야는 여호와 편에 있는 사람이 자기 혼자뿐이라고 한탄하였습니다.

그럼 왜 칠천 명의 여호와 경배자들이 모두 숨어서 살아야 했을까요? 물론 이세벨의 학살을 피하려고 동굴에서 피신한 선지자들도 있었고, 혹은 평범하게 살면서 보다 나은 때가 오기를 기다리는 자들도 있었을 것입니다. 남은 칠천 명이 모두 엘리야와 같은 소명을 받은 공적 리더가 아니었습니다. 그들이 여호와 종교가 퇴색되고 박해가 심한 때에 자취를 감춘 것은 최선의 행위는 아니었을지 몰라도 자신들이 속한 곳에서 나름대로 여호와를 섬겼을 것입니다.

하나님께서는 바알 숭배를 하지 않는 자들이 여기저기에 있음을 아셨습니다. 엘리사도 그런 사람 중의 하나였습니다. 모든 사람이 엘리야가 될 수는 없습니다. 엘리야는 한 사람이면 족합니다. 누구나 같은 소명을 같은 방식으로 받지 않습니다. 나라 전체를 상대하는 무대에 직접 나서서 바알 숭배에 맞서 싸우는 리더들은 필요합니다. 그러나 등단하지 않고 하나님의 때를 기다리며 준비하는 배후의 인물들도 있어야 합니다.

칠천 명 가운데 상당수는 배도와 악행의 때에 여호와 종교가 힘을 얻을 날을 기다리며 아마도 엘리야의 사역을 뒤에서 기도로 후원하면서 자신들의 처소에서 주의 때를 기다렸을 것입니다. 그러다가 엘리사가 새로운 사역의 부름을 받았을 때 이들 중에 일부는 선지자 학교로 모여들어 이스라엘의 영적 재건에 헌신했을 것입니다. 하나님께서는 칠천 명을 남겨 두시고 그들을 보호하셨습니다. 그리고 때가 되었을 때 그들이 이스라엘의 영적 부흥을 위해 직접 간접으로 참여하게 하셨습니다. 하나님은 모든 상황을 주관하시고 마침내 하나님의 나라를 위해서 긍정적인 기여가 되도록 역사하십니다. 사람의 눈에 불리하고 앞이 보이지 않는 상황에서라도 하나님께서는 계속하여 자기 백성의 구원을 위해 섭리하십니다.

: 엘리사는 어떤 상황에서 부름을 받았습니까?

엘리사는 하나님으로부터 분명한 부르심이 있을 때까지 일상생활에 충실하였습니다. 그가 소명을 받은 장소와 시점은 겨릿소를 몰고 있을 때였습니다. 하나님의 소명은 깊은 산속에서나 장시간의 기도로 받는다는 생각은 영적 편견입니다. 자신이 처한 환경에서 충실하게 살 때 소명을 받는 것이 정상입니다. 성경의 실례에서 보면 대부분 하나님의 소명은 일상생활의 과정에서 주어졌습니다.

* 모세: 양을 칠 때(출 3:1–10)
* 기드온: 밀을 포도주 틀에서 타작할 때(삿 6:11–12)
* 사울: 잃어버린 암나귀를 찾으러 나갔을 때(삼상 9:3–10:1).
* 다윗: 양을 칠 때(왕상 16:1, 11–13).
* 아모스: 뽕나무를 재배하며 양 떼를 돌볼 때(암 7:14–15).
* 시몬, 안드레, 야고보, 요한: 갈릴리 해변에서 고기잡이하며 그물을 기울 때(막 1:16–20).

어린 사무엘마저도 성막에서 주인을 섬기며 자고 있을 때 소명을 받았습니다(삼상 3:3–4, 7–14). 정상적인 생업의 현장에서 부름을 받는 것이 성경의 일반적인 패턴입니다. 하나님의 부름은 장소나 때를 가리지 않고 주권적으로 임합니다. 세례 요한이나 삼손처럼 태어나기도 전에 하나님의 사역을 위해 예정된 자들도 있습니다. 그러나 일단은 자기 일에 충실해야 합니다. 엘리사는 하나님이 부르실 때 겨릿소를 몰고 땀을 흘리며 일하고 있었습니다.

이것저것을 다 해 보아도 일이 잘 안 되니까 목회자가 되어야 하겠다든지 혹은 목회가 고상하게 보인다든지, 세상에 나가서 일할 자신이 없다든지 혹은 다른 일은 하기 싫고 하나님의 사역을 하면 잘 될 것 같아서 뛰어드는 것은 큰 잘못입니다.

소명과 은사가 있더라도 주님의 때를 기다리지 않고 자기 마음대로 하나님의 일을 시작하는 것도 잘못입니다. 확실한 소명과 인도가 없는 자들에게 쉽게 목사 안수를 주지 말아야 합니다. 소정의 신학 교육을 거치면 거의 전원이 목사가 될 수 있는 제도도 문제입니다. 아무리 신학교를 졸업하고 목사 고시에 합격했어도 목회자가 지녀야 할 자질이 갖추어지지 않고 확고한 소명의식이 없으면 목회를 하지 말아야 합니다. 설교의 은사가 없는 목회자의 말씀을 듣느라고 얼마나 많은 교인이 매주 고통을 당하며 억지로 예배를 보아야 하는지를 생각해 보십시오. 말씀을 전하는 은사도 없고 준비도 되지 않은 사람들이 이런저런 이유로 강단에 서는 것은 본인뿐만 아니라 교회 전체에 불행한 일입니다.

하나님의 나라는 분명한 소명을 받지 않은 사역자들의 무력한 설교와 비성경적인 목회로 인해서 엄청난 손실을 당하고 있습니다. 하나님께서 남겨 두신 칠천 명에 속하지 않은 자들이 스스로 소명을 만들어 내고 무리하게 교회를 하려고 하는 것은 큰 잘못입니다.

사역에로의 소명은 하나님의 주권적인 결정입니다. 그러나 하나님의 일에 관심이 없거나 은사도 없는 사람을 부르시는 것이 아닙니다. 칠천 명은 무엇보다도 만연한 바알 숭배 문화 속에서 여호와 하나님께 충성을 지켰던 자들이었습니다. 그들은 하나님께 날마다 기도하며 구원의 때를 간절히 기다리면서 이스라엘의 갱신을 갈망했을 것입니다. 엘리사도 소를 몰고 농사를 지으면서 하나님의 일을 골똘히 생각했을 것입니다. 엘리야의 겉옷은 아무에게나 떨어지지 않습니다. 하나님의 때를 기다리며 불타는 마음으로 주를 찾는 자들 위에 소명의 겉옷이 떨어집니다.

: 엘리사가 희생해야 했던 것들

엘리사는 열두 겨릿소를 부리며 밭을 갈 만큼 큰 농사를 지었습니다. 그런데 그가 하나님의 선지자로 소명을 받은 것은 영광스러운 특권이었지만, 앞으로는 안락한 생활을 포기하고 궁핍한 삶을 사는 것을 의미하였습니다. 그는 일꾼들을 부리는 주인의 위치에서 엘리야를 섬기는 종의 위치로 내려가야 했습니다. 그뿐만 아니라 악독한 이세벨의 추적을 당하는 엘리야 선지자와 함께 운명을 같이해야 했습니다.

엘리사는 가족들과 친구들이 있는 고향에서 다른 사람들과 함께 어울려 살기를 좋아하는 성품이었습니다. 그는 소명을 받았지만, 부모와의 결별의 시간을 갖기를 원하였습니다. 그는 가정의 기쁨을 알고 부모의 정을 아는 자였습니다. 그 앞에 떨어진 엘리야의 겉옷은 부모와 가족과의 석별을 의미하였습니다. 당시에는 이런 소명으로 집을 떠나면 다시 고향에 들르는 일은 쉽지 않았습니다. 그래서 엘리사가 소명을 받고 엘리야에게 부탁한 한 가지 청원이 있었습니다. 그것은 부모와 작별 인사를 나누는 것이었습니다. 정도의 차이는 있어도 이러한 석별이 모든 하나님의 종들이 갖는 체험입니다. 갈릴리 어부들에게 주님이 '나를 따르라'고 하셨을 때 그들은 배도 그물도 다 놓고 주를 따라나섰습니다(마 10:37; 눅 12:13-21). 주를 따르는 일은 무엇인가 나에게 속한 것을 두고 떠나는 길입니다.

하나님의 소명을 따르기 위해서는 반드시 내려놓고, 버리고, 잊어야 할 것들이 있습니다. 그것은 물질일 수 있고 경력일 수 있습니다. 혹은 친구들이나 결혼의 포기일 수 있습니다. 주를 따르는 삶은 내 것을 비우고 주의 것으로 채우며, 내가 소중히 여기는 것들을 내려놓고 주님이 귀히 여기시는 것들을 붙잡는 것입니다. 하나님 나라에 속한 것을 받기 위해 세상 나라에 속한 것들을 제쳐 두는 자들은 "주 예수를 아는 지식이 가장 고상"(빌 3:8)하다는 것을 확신하는 사람들입니다. 그들은 바울과 함께 "오직 내가 그리스도 예수께 잡힌 바 된 그것을 잡으려고 달려가노라"(빌 3:12)고 고백합니다. 그런 자들만이 하늘에서 떨어지는 신령한 소명의 겉옷을 입고 주를 섬길 수 있습니다.

엘리야의 겉옷은 큰 책임을 의미합니다. 엘리사는 엘리야가 시작한 갱신 사역의 나머지 부분을 감당하는 중책을 맡았습니다. 엘리야의 사역은 엘리사의 헌신과 봉사가 없으면 매듭을 짓지 못할 것이었습니다. 엘리사는 우상 숭배자들과 계속 싸워야 했고, 이방 나라의 침략을 막아야 했으며, 후진들을 길러야 했고, 백성들의 갈급한 필요를 채워주면서 언약 백성을 여호와의 길로 인도해야 했습니다.

우리는 엘리야보다 더 위대하신 예수 그리스도께서 시작하신 복음 사역의 일을 맡은 자들입니다. 주 예수께서 출범시킨 하나님 나라는 아직도 진행 중입니다. 사도 바울은 이렇게 말하였습니다.

"나는 이제 너희를 위하여 받는 괴로움을 기뻐하고 그리스도의 남은 고난을 그의 몸 된 교회를 위하여 내 육체에 채우노라"(골 1:24).

주님은 승천하시면서 제자들에게 복음을 전하라고 분부하셨습니다(마 28:19-20). 이 분부가 곧 예수님의 겉옷입니다. 복음 사역자는 물론이고 모든 신자가 주님께서 분부하신 복음을 위해 신령한 주의 겉옷을 받아 입고 주를 섬겨야 합니다. 이 일에 고난이 있고 내가 참여하고 기여해야 할 일들이 있습니다. 그러나 이 소명은 슬픈 것이 아니고 기쁜 일입니다. 그래서 사도 바울도 "너희를 위하여 받는 괴로움을 기뻐" 한다고 하였습니다(골 1:24).

엘리사는 부모와 친척과 이웃과의 작별에 많은 시간을 쓰지 않은 듯합니다. 그들과의 작별에 대한 기사가 간략합니다. 엘리사의 부모도 엘리사의 소명에 이의를 제기하거나 반대하지 않았을 것입니다. 그들은 큰 농사를 누가 짓느냐고 묻지 않았습니다. 당시에는 하나님의 선지자가 된다는 것은 매우 위험한 일이었습니다. 선지자들치고 고난을 겪지 않은 자들이 거의 없기 때문입니다. 엘리사의 부모들은 이러한 위험을 잘 알고 있었을 것입니다. 그래도 자기 아들을 생명이 위험한 하나님의 일에 기꺼이 넘겼습니다. 그들은 어쩌면 다시 만날 수 없는 영원한 이별의 슬픔을 견디며 하나님을 신뢰했을 것입니다. 우리는 그들에 대해서 잘 알지 못합니다. 성경은 자주 훌륭한 하나님의 사람들에 관해서 침묵합니다. 그러나 하나님께서는 주의 나라를 위해서 그런 희생을 참는 자들에게 후히 갚아주신다고 약속하셨습니다.

"하나님은 불의하지 아니하사 너희 행위와 그의 이름을 위하여 나타낸 사랑으로 이미 성도를 섬긴 것과 이제도 섬기고 있는 것을 잊어버리지 아니하시느니라"(히 6:10).

엘리사는 즉시 친구들을 모으고 잔치를 열었습니다.

"한 겨릿소를 가져다가 잡고 소의 기구를 불살라"(왕상 19:21)

이것은 과거의 삶과의 단절을 의미합니다. 엘리사는 자신의 농사 장비였던 "소의 기구"를 불살랐습니다. 주님을 섬기기 위해서는 내가 과거에 나 자신의 목적을 위해 사용하던 기구들을 포기해야 합니다. "소의 기구"들은 소를 위한 것입니다. 주님의 나라를 위해서는 주님이 주시는 신령한 장비에 의존해야 합니다. 소와 소의 기구는 엘리사의 옛 삶의 방식을 상징합니다. 그래서 소를 삶고 밭 가는 기구를 불태운 것은 과거의 삶의 방식을 버렸다는 뜻입니다. 엘리사는 이제 과거의 일에서 손을 떼고 새 일에 손을 얹었습니다. 그는 하나님께서 공급하시는 새로운 농기구를 잡았습니다. 그의 손에는 소의 기구가 아닌 엘리야의 겉옷이 잡혀 있었습니다. 그가 농기구를 불태운 것은 다시 되돌아가는 일이 없다는 뜻입니다.

옛날 바이킹들에게는 개척한 땅에 정착할 때에 자신들이 타고 온 배를 불사르는 관습이 있었습니다. 더 이상 배를 타고 다니면서 이곳저곳을 약탈하지 않고, 한 곳에 머물면서 정상적인 생업을 누리면서 산다는 뜻이었습니다. 하나님이 우리를 부르실 때 과거에 연연해 하거나 집착하지 말아야 합니다. 하나님을 위해서 사는 소명의 삶은 과거를 보게 하려는 것이 아니고 미래를 향해 나아가게 하려는 것입니다. 그 미래는 하나님의 약속을 믿고 전진하는 자들에게는 동기를 부여하고 힘을 내게 합니다.

정든 사람들을 작별하고 익숙한 환경으로부터 떠나는 일은 언제나 슬픈 일입니다. 그렇지만 하나님의 부르심을 받은 자들에게는 이별의 잔치는 눈물을 뿌리는 때가 아니고 즐거워하는 경축의 시간입니다. 엘리사는 슬픔 속에서 송별 파티를 한 것이 아니고 주를 위한 헌신과 승리를 바라보는 기쁨 속에서 기념 파티를 열었습니다.

우리는 주 예수를 믿고 그분을 섬기는 일을 기쁜 일로 여겨야 합니다. 엘리사처럼 엘리야의 겉옷의 소명이 부르는 길을 향해 과감하게 발걸음을 떼어 놓아야 합니다. 과거의 농기구들은 어떤 것이든지 불살라야 합니다. 옛 삶의 습관을 끊어야 하고 다시 돌아가지 않아야 합니다. 우리는 과거의 왕국에 작별을 고하지 않고는 하늘 왕국에 들어갈 수 없습니다. 우리가 그리스도의 사역에서 성공하려면 다른 목표들과 얽혀서는 안 됩니다(히 12:1). 갈라진 마음으로는 주의 일에 헌신할 수 없습니다. 우물을 파도 한 우물을 파라는 속담처럼 양편의 농기구에 손을 잡아서는 안 됩니다. 주님의 말씀처럼 우리는 두 주인을 섬길 수 없습니다(눅 16:13).

주님은 우리 각자에게 소명을 주시고 주님을 섬기게 하십니다. 우리는 하나님의 나라에서 제각기 자신이 받은 은사와 능력으로 무엇인가 가치 있는 일을 위해 자신의 농기구를 불살라야 합니다. 물론 이것은 말처럼 쉽지 않습니다. 그러나 하나님께서 부르시는 소명이 얼마나 영광스럽고 가치 있는 일인지를 깨달으면 용기를 낼 수 있습니다.

주님의 멍에는 무겁지 않다고 하였습니다. 주님의 멍에를 지고 주를 따르는 자들에게는 넘치는 보상이 약속되었습니다. 바울은 우리가 주를 위해 겪는 "현재의 고난은 장차 우리에게 나타날 영광과 비교할 수 없도다"(롬 8:18)고 하였습니다. 우리는 엘리사의 경우처럼 불태우는 것들에 대한 아쉬움의 슬픔보다 신령한 새 출발을 기념하는 잔치 분위기 속에서 주님을 따라야 합니다.

나를 하나님께서 보호하신 칠천 명의 남은 자들과 일치시키십시오. 그들은 하나님의 나라를 위해서 때를 기다렸던 자들입니다. 그들은 세상에 드러나지 않았지만, 언젠가 주를 위해 바알 경배자들과 맞서서 싸울 용의가 있었습니다. 엘리사는 그들을 대표하여 첫 번째 소명을 받은 자였습니다. 그의 뒤로 '남은 자'들이 바알과 싸우는 그의 소명에 합세할 것이었습니다. 칠천 명에게는 하나님께서 주시는 소명이 있습니다. 엘리사 시대에 남은 칠천 명들이 부패한 우상 숭배로부터 하나님의 백성을 구출하고 여호와 종교의 순수성을 회복시키는 일에 앞장섰듯이, 오늘날에도 하나님은 우리 각자를 부르고 계십니다. 교회의 순화를 위해서, 참된 복음 생활을 위해서, 추락한 교회의 위상을 회복하기 위해서, 우리를 부르고 계십니다. 엘리사의 겉옷은 지금도 자신의 농기구를 불태우고 복음의 길을 따라 주님을 새롭게 섬기려는 자들 위에 떨어지고 있습니다.

2장

하나님의 유익을 위한 헌신

Elisha 엘리사

"여호와께서 회오리 바람으로 엘리야를 하늘로 올리고자 하실 때에 엘리야가 엘리사와 더불어 길갈에서 나가더니 …두 사람이 길을 가며 말하더니 불수레와 불말들이 두 사람을 갈라놓고 엘리야가 회오리 바람으로 하늘로 올라가더라…"(왕하 2:1-14)

인생의 최종점을 넘어가려고 하는 자는 누구나 진지합니다. 아무도 자기 죽음을 장난처럼 대하지 않습니다. 엘리야는 이스라엘 역사에서 큰 획을 긋는 개혁 선지자로서 자신의 삶을 마감

해야 하는 시점에 이르렀습니다. 그런데 그의 곁에는 그의 사역을 계승할 엘리사가 있었습니다. 엘리야도 엘리사도 영원한 고별의 시간이 문턱에 이른 것을 알았습니다. 이제 지상에서의 이 마지막 동행은 두 선지자에게 매우 비상한 때였습니다. 본문은 엘리야가 승천하기 전에 자신의 후계자인 엘리사와 동행할 때에 있었던 이벤트를 기록한 것입니다.

본 에피소드는 두 부분으로 나눌 수 있습니다. 첫 부분은 엘리야가 엘리사와 함께 길갈에서 출발하여 요단 강까지 가는 장면입니다. 이것은 하나님의 백성에게 필요한 시험과 헌신에 대한 내용입니다. 두 번째 부분은 엘리야가 승천하는 것을 엘리사가 목격하는 장면입니다. 이것은 하나님의 백성에게 필요한 성령의 사역과 '오는 세대'의 비전에 대한 것입니다. 그래서 본 스토리는 우리가 어떤 자세로 무엇을 기대하며 살아야 하는지를 교훈합니다.

: 엘리사는 하나님의 사역을 떠맡기 전에 테스트를 받아야 했습니다.

엘리야는 마지막 길을 갈 때 엘리사의 동행을 원치 않은 것처럼 보입니다. 엘리야는 길갈에서 출발하여 벧엘과 여리고를 거쳐 요단으로 갔습니다. 그런데 가는 곳마다 그를 따르는 엘리사를 보고 따라오지 말고 현장에 머물라고 했습니다. 그가 길갈을 떠나서 방문한 벧엘과 여리고는 선지자 생도들이 있던 곳이었습니다. 그곳에서 엘리야는 아마 그들에게 마지막 작별을 고하려고 했을 것입니다. 그렇다면 엘리사를 대동해도 아무런 방해가 되지 않았을 것입니다. 오히려 엘리사가 함께 감으로써 그의 후계자로서의 위상이 높여졌을 텐데도 엘리야는 번번이 엘리사를 떼어 놓으려고 시도하였습니다.

그런데 엘리사도 번번이 엘리야의 지시를 듣지 않고 고집을 부렸습니다. 이것은 얼핏 보면 스승에 대한 노골적인 불순종으로 보입니다. 하지만 이것은 지시의 형태를 띠고 오는 시험이었습니다. 우리는 하나님의 명령이 때로는 우리를 떠보기 위한 것인지 아닌지를 잘 구별할 수 있어야 합니다. 시험인 경우에는 명령을 반대로 행해야 합니다. '여기 머물라' 는 명령을 받았으면 '머물지 않겠습니다' 라고 말해야 올바른 반응입니다. 혼란스럽게 들릴지 모릅니다. 이런 것은 하나님께서 우리를 어떻게 인도하시는지를 말씀을 통해서 잘 배우지 않으면 실수하기 쉽습니다.

엘리야는 왜 엘리사를 이곳저곳으로 데리고 다녔을까요? 그냥 자신이 죽을 곳에 가서 엘리사를 조용히 부르고 유언을 하면 좋을 텐데 말입니다. 우리는 엘리야가 엘리사에게 한 말에서 힌

트를 얻을 수 있습니다.

> "청하건대 너는 여기 머물라 여호와께서 나를 벧엘로 보
> 내시느니라"(2:2).
> "청하건대 너는 여기 머물라 여호와께서 나를 여리고로
> 보내시느니라"(2:4)
> "청하건대 너는 여기 머물라 여호와께서 나를 요단으로
> 보내시느니라"(2:6)

엘리야는 자신이 가는 곳을 매번 알렸습니다. 그는 길갈에서 시작하여 벧엘, 여리고, 요단의 순서로 한 단계씩 자신의 목적지를 알렸습니다. 이것은 매우 시사적입니다. 이 장소들은 이스라엘의 역사가 숨 쉬는 곳이었습니다. 길갈은 여호수아가 가나안 땅으로 들어가서 진을 치고 첫 번째 작전 본부로 삼았던 곳이었습니다. 벧엘에서 야곱은 꿈에 꼭대기가 하늘에 닿은 사닥다리를 보았고 하나님으로부터 그 땅을 유업으로 약속받았습니다. 여리고는 이스라엘 백성의 함성으로 무너진 가나안의 첫 성이었습니다. 요단 강은 이스라엘 백성이 건널 때 물이 멈추었던 곳이었습니다.

엘리야는 이스라엘 백성이 하나님의 임재와 계시를 크게 체험했던 장소들을 마지막으로 방문하라는 하나님의 지시를 받았

습니다. 이것은 역사적인 구속의 장소들을 둘러보고 자신의 사역을 마감한다는 의미에서 엘리야에게 매우 뜻깊은 일이었습니다. 하나님께서는 바알에게 무릎을 꿇지 않은 칠천 명의 일부를 이러한 장소들에서 보호하시고 엘리야의 방문을 지시하셨습니다. 이것은 한때 깊은 침체에 빠져서 죽기를 소원했던 엘리야가 지상 사역을 마치면서 자신의 사역이 헛되지 않음을 확인하는 일이었습니다.

그런데 이러한 역사적 장소들을 방문하는 것은 엘리사에게도 중요한 의미가 있었습니다. 그것은 과거의 이스라엘 백성이 하나님의 임재와 능력을 체험했던 계시의 장소들을 짚어보는 일이었습니다. 또한 이번 방문은 언약 백성을 이끌어 가시는 구원의 하나님께 자신을 일치시킬 수 있느냐는 도전이 될 것이었습니다. 이것은 선지자로서의 엘리사의 소명과 결의를 테스트하는 일이었습니다. 엘리사가 어떤 반응을 보였습니까?

> "엘리사가 이르되 여호와께서 살아 계심과 당신의 영혼이 살아 있음을 두고 맹세하노니 내가 당신을 떠나지 아니하겠나이다"(2:2).

엘리사는 엘리야를 길갈에서부터 줄곧 따랐습니다. 그런데 그는 가는 곳마다 좌절과 실망의 말만 들었습니다. 엘리야는 어떻게 해서든지 기회만 있으면 의도적으로 자기를 야박하게 떼어 놓으려고 하는 듯하였습니다. 엘리사가 엘리야를 따라가면서 받은 격려가 무엇입니까? 엘리야가 엘리사에게 "너는 여기 머물라"고 하고서 자기 혼자 하나님께서 지시하신 곳으로 가겠다고 했을 때 어떻게 느꼈을까요? 자기는 이제 사역을 그만두라는 말로 들렸을 것입니다.

하나님의 사람들은 주님을 섬기는 일에서 많은 실망과 좌절의 계곡을 지납니다. 엘리야는 일찍이 밭을 갈던 엘리사에게 나타나서 그의 겉옷을 던졌습니다. 그때로부터 엘리사는 엘리야의 제자가 되어 그를 여러 해 동안 충성으로 섬겼습니다. 그런데 이제 엘리사는 더는 필요한 존재가 아닌 듯하였습니다. 이제는 그만 따라와도 된다고 했기 때문입니다. 그것도 한 번이 아니고 계속해서 가는 곳마다 더는 따라오지 말라고 말렸습니다. 얼마나 섭섭한 일이었겠습니까!

그런데 엘리사가 여기서 그쳤다면 어떻게 되었을까요? 그는 낙망했을 것이고 더 이상 엘리야의 과업을 이을 수가 없었을 것입니다. 엘리야가 "너는 여기 머물라"고 한 말은 엘리사가 하나님께 끝까지 충성한다는 결의를 확고부동하게 보일 기회였습니다. 그가 맹세하면서 엘리야를 떠나지 않겠다고 한 말은 엘리사 자신의 불절의 신앙 고백이었습니다.

그럼 엘리야가 왜 엘리사를 떼어 놓으려고 했을까요?

일부 주석가들은 엘리야가 광야의 선지자였기 때문에 혼자 있는 것에 익숙해서 죽기 전에 조용히 자기 시간을 가지려고 했다고 봅니다. 그러나 이것은 엘리야의 말이 엘리사의 투신을 테스트하기 위한 시험 장치라는 점을 간과한 것입니다. 엘리사는 길갈에서 벧엘로, 벧엘에서 여리고로 그리고 여리고에서 요단 강에 이르기까지 매 단계에서 포기할 기회가 있었습니다. 하나님께서는 우리에게 포기할 수 있는 자유와 기회를 주십니다. 이러한 자유와 기회가 없다면 테스트를 받는 것은 무의미할 것입니다. 엘리사는 도중 하차할 수 있는 자유와 기회가 있었지만 돌아서지 않았습니다. 이것이 하나님께서 보기를 원하시는 제자의 참모습입니다. 우리는 어려움이 닥치면 도중에 손을 떼고 싶습니다. 내가 여호와의 사심을 두고 맹세할 정도가 되면 자신의 최선을 다한 것입니다. 이것은 있는 힘을 다하여 자신이 갈 수 있는 데까지 간 것입니다.

그런데 계속해서 어려움이 반복되면 그만 힘이 빠지고 맙니다. 산 넘어 산이라는 말이 있습니다. 재는 넘을수록 험하고, 내는 건널수록 깊다는 속담도 있습니다. 우리는 길갈에서 그냥 주저앉고 싶고, 벧엘에서 일이 끝나기를 빕니다. 우리는 벧엘을 간신히 지난 후에는 여리고로 이어지는 길은 다시 쳐다보기도 싫습니다. 더구나 여리고 다음에 요단 강이 기다린다고 하면 차라리 죽기를 바랍니다. 우리는 시험의 매 단계가 곧 종점이기를 소원합니다.

하나님께 오랫동안 기도드렸는데도 응답이 없어 고통을 받은 적이 있습니까? 약속을 받고 믿음으로 행했는데 아무런 결실을 거두지 못한 적이 있습니까? 다시 가까스로 힘을 내어 시도했는데 하나님께서 아무 말씀도 없고 주님이 함께하신다는 증거도 없어 괴로워한 적이 있습니까? 최선을 다했음에도 앞이 보이지 않는 상황에서 낙망하여 드러누운 적이 있습니까? 앞뒤가 꽉 막힌 듯한 지점에 이르면 하나님을 끝까지 신뢰하고 사는 일이 얼마나 어렵다는 것을 통감합니다. 하나님께서 이제 그만 따라오라고 하시면 맥이 빠집니다.

왜 하나님께서 이렇게까지 우리를 시험하셔야 할까요? 아직 졸업을 못 했기 때문입니다. 우리는 아직 완성품이 아닙니다. 시험을 보는 것은 성적표를 받고 '아 내가 이 정도구나' 하는 것을 알게 하기 위한 것입니다. 그래서 모든 교육에서 시험이 있고 모든 공산품이 테스트를 거쳐야 시장에 나올 수 있습니다.

하나님께서 엘리사를 테스트하신 또 다른 목적은 그가 상상도 못한 복을 내리기 위한 것이었습니다. 하나님께서는 한 손에는 시험지를 쥐시고 다른 손에는 축복을 쥐고 오십니다.

아브라함이 받았던 테스트를 생각해 보십시오. 모리아 산에서 외아들의 가슴 위에 칼을 꽂아야 했던 그 무서운 시험이 어떤 축복을 낳았습니까?

"여호와께서 이르시기를 내가 나를 가리켜 맹세하노니 네가 이같이 행하여 네 아들 네 독자도 아끼지 아니하였은즉 내가 네게 큰 복을 주고…"(창 22:16-18).

하나님께서는 아브라함이 상상할 수 없는 복을 주셨습니다. 그의 씨로 말미암아 천하 만민이 복을 받는다고 약속하셨는데 그 씨가 곧 아브라함의 육신의 후손으로 태어나실 그리스도였습니다. 그런데 이 약속은 하나님께서 '내가 나를 가리켜 맹세'하는 것이라고 하셨습니다.

엘리사는 여호와의 사심으로 맹세하며 엘리야를 따랐습니다. 우리가 여호와의 이름으로 맹세를 할 정도로 전적인 헌신을 하면 어떻게 될까요? 놀랍게도 하나님 자신이 맹세하시고 복을 약속하십니다. 엘리사에게 내린 축복이 어떤 것이었습니까? 엘리사는 이스라엘의 모든 선지자 가운데서 기적을 가장 많이 행한 자가 되었습니다. 그의 기적의 사역들은 예수님의 은혜 사역의 성격을 내다보게 하는 커다란 화살표였습니다. 쓴 물이 단물로 바뀌고, 빈 그릇이 기름으로 채워지며, 죽었던 아이가 살아나고, 솥에 들어간 죽음의 독이 거두어지며, 나병이 치유되는 기적들은 모두 예수님의 은혜 사역의 특징들이었습니다. 그런데 이런 복된 사역은 결코 그냥 온 것이 아니었습니다. 엘리사는 엘리야와 함께 요단 강 가에 설 때까지 맹세하고 또 맹세하면서 모든 시험을 다 통과하였습니다. 요단 강이 그 앞에서 갈라진 것은 이러한 테스트의 과정을 거친 후였습니다.

: 하나님의 유익을 위해 살면
  주의 뜻이 이루어집니다.

우리는 시험이 올 때 기다렸다는 듯이 기뻐하며 감사하지 않습니다. 우리는 어떤 반응을 보입니까? 요단 강이 갈라지지 않아도 좋으니 길갈이든지 벧엘이든지 아무 데나 제발 더는 가지 않게 해 달라고 빕니다.

「주님, 그냥 여기서 쉬게 해 주십시오. 저는 너무도 지쳤습니다. 저는 그렇게 힘들여서 예수 믿고 싶지 않습니다. 맹세할 정도로 주님께 헌신하고 살 수 없습니다. 길갈에서 이미 지쳤는데 어떻게 벧엘을 가고, 또 어떻게 여리고를 갈 수 있겠습니까? 더구나 요단 강을 건너야 한다니 저는 도무지 못 가겠습니다. 저는 제 아들의 가슴에 칼을 꽂을 수 없습니다.」

그러면서도 우리는 입으로는 '주께로 가까이, 주께로 가오니 나의 갈 길 다 가도록 나와 동행하소서' 라고 찬송합니다. 그런데 정말 십자가 앞으로 더 가까이 나아가고 있습니까? 정말 날마다 주께로 더 나아가면서 이런 찬송가를 부르는지요? 우리는 찬송가를 너무 쉽게 부르는지 모릅니다. 찬송가의 내용과 상관없이 너무 잘 부르는 것이 문제입니다. 전혀 양심의 가책이 없이 목청을 높이는 것이 문제입니다. 기독교 유산으로 내려오는 훌륭한 찬송가들이 적지 않습니다. 그러나 그런 찬송가들은 하나님께 살아 있던 성도들의 절절한 신앙 고백이며, 하나님과의 깊은 교제의 체험에서 나온 신령한 노래들입니다. 어떻게 그와 같은 찬송가들을 그냥 함부로 부를 수 있겠습니까? 자신의 체험에서 전혀 확인될 수 없는데도 입으로만 부르는 찬송들은 불경한 일입니다.

찬송가를 아무렇게나 지어서 유포시키는 것도 문제입니다. 하나님에 대한 노래는 찬송가든 복음 성가든 작사 작곡하는 일을 좀 두려워해야 정상입니다. 복음 성가들이 쏟아져 나오는 것을 보면 교회에 굉장한 부흥이 일어났는데 나만 모르고 있다는 생각이 들 때가 있습니다. 그러나 가사 내용이나 이를 부르는 성도들의 자세를 보면 부흥에 의한 것이라기보다는 대체로 자기 흥에 겨워서 부르거나 종교적인 분위기 상승을 위한 인위적이고 피상적인 측면이 있는 듯합니다. 성경의 시편이 그런 목적으로 아무 때나 아무 사람에 의해서 지어졌을까요?

우리는 경건한 행위를 하면서 득죄할 수 있습니다. 우리는 거룩한 모습으로 고개를 숙이고 기도합니다. 그러나 세속적이고 이기적인 욕구 충족을 위한 것이라면 이방인의 기도입니다. 가슴을 치고 회개해야 할 찬송가를 아무런 죄책감이 없이 너무도 잘 부르기 때문에 죄를 지을 수 있습니다. 경건한 모습으로 강단으로 올라가면서도 구원의 메시지를 전하기보다는 성공주의나 엔터테인적인 이야기를 늘어놓는다면 죄를 짓는 것입니다. 성경에 나오는 심각하고 엄숙한 본문을 놓고 아무런 영적 도전을 하지 않고 맘 편하게 넘긴다면 죄를 짓는 것입니다. 기도하면 할수록, 찬송가를 부르면 부를수록, 설교하면 할수록 죄만 더 쌓아간다고 생각해 본 적이 있으신지요? 이사야 선지자는 이사야서 1장에서 그런 종교 행위들이 하나님을 피곤하게 하고 무거운 짐을 지워드리는 것이라고 지적하였습니다.

"너희의 무수한 제물이 내게 무엇이 유익하뇨…분향은 내가 가증히 여기는 바요 월삭과 안식일과 대회로 모이는 것도 그러하니 성회와 아울러 악을 행하는 것을 내가 견디지 못하겠노라 내 마음이 너희의 월삭과 정한 절기를 싫어하나니 그것이 내게 무거운 짐이라 내가 지기에 곤비하였느니라"(사 1:11-14).

크리스천이 된다는 것은 무엇을 말합니까? 하나님과 그분의 나라를 생각하고 사는 것입니다. '하나님의 유익'을 위해서 사는 삶입니다. 하나님이 내 삶의 목표며 목적이며 보람이며 소망입니다. 중국의 유명한 사역자였던 웟치만 니는 이렇게 말했습니다.

"나는 자신을 위해서 아무것도 원치 않습니다. 그러나 주님을 위해서는 모든 것을 원합니다."

그리스도를 따르는 사람들은 큰 뜻을 지닌 자들입니다. 이 큰 뜻이 우리를 세상 사람들과 구별되게 합니다. 우리는 예수 그리스도 안에서 하늘에 속한 모든 신령한 복을 받기로 예정된 자들입니다(엡 1:3-7). 이 놀라운 비전이 있으므로 성도의 삶은 엘리사처럼 맹세의 헌신과 불절의 결의 속에서 진행되어야 합니다.

요단 강 가에까지 가야 하는 이유가 무엇입니까? 하나님께서 우리에게 주시려는 거대한 축복이 기다리고 있기 때문입니다. 이 축복의 의미는 무엇일까요? 나 개인의 유익만을 위한 것일까요? 그 이상의 의미가 있습니다. 하나님께서는 우리가 먼저 그 같은 축복을 체험하게 하십니다. 그러나 거기서 그치는 것이 아니고 우리를 통해서 다른 사람들을 구원하시려는 뜻을 세우셨습니다. 우리가 주님을 끝까지 따르는 것은 개인적인 이유에서만이 아니고 하나님의 축복이 다른 사람들에게 흘러가게 하려는 것입니다.

　　복은 흘러가기 위해서 받는 것입니다. '내 복 주세요, 내 복 많이 주세요'라고 빌 것이 아니고 '죽어가는 세상에, 내 이웃의 형제자매에게 나누어 줄 복 주세요. 그 복 많이 주세요' 라고 기도해야 합니다. 내 배를 더 채우고 내 집을 더 크게 짓기 위해서 복 받는 것이 아니고 다른 사람들에게 주님의 놀라운 은혜를 나누기 위해서 복을 받아야 합니다.

　　본 에피소드가 주는 교훈은 우리의 참 '스승' (요 13:13)이신 주 예수께서 어디로 가시든지 줄곧 따라가야 한다는 것입니다. 이것이 헌신이며 충성이며 성숙입니다. 자신의 부족을 절감하며 포기하고 싶을 때라도 주님을 놓치지 말아야 합니다. 도중에 유혹이 있고 방해가 있어도 일편단심으로 한 걸음의 자세로 걸어야 한다는 것입니다. 하나님께서는 큰 축복을 손에 쥐고 우리를 요단 강에서 기다리고 계십니다. 우리가 요단 강이 갈라지는 것을 체험하게 하고, 엘리야가 하늘의 불수레와 불말을 타고 승천하는 것을 목격하게 하시려고 기다리십니다. 엘리야의 능력의 겉옷을 받는 축복을 위해서 우리가 길갈과 벧엘과 여리고를 거쳐 요단 강에 서기를 기다리십니다.

그런데 하나님께서는 우리의 연약함을 이해하시고 깊이 동정하십니다. 그래서 우리가 받아야 할 시험들을 처음부터 끝까지 다 말씀하시지 않습니다. 만일 길갈에서 요단 강까지의 시험과 그 모든 과정의 어려움을 한꺼번에 미리 다 알리신다면 아무도 발걸음을 떼어 놓으려고 하지 않을 것입니다. 하나님께서는 물론 종착지와 목표를 알리십니다. 우리의 종착지는 하나님 나라에 온전히 들어가는 것입니다. 우리의 목표는 주님의 성품에 참여하며 복음을 전하는 것입니다. 바울은 "우리가 하나님의 나라에 들어가려면 많은 환난을 겪어야 할 것이라"(행 14:22)고 말했습니다. 하나님께서는 바울에게도 주의 이름을 위하여 많은 고난을 받게 될 것이라고 하셨습니다(행 9:16). 이것은 환난과 고난을 겪어야 구원을 받는다는 말이 아닙니다. 구원은 우리의 애씀이나 인내나 환난과 상관없이 오직 믿음으로 받는 은혜의 선물입니다. 구원은 오직 주 예수를 믿음으로써 받습니다. 그러나 구원 이후에 오는 유업의 축복들은 주를 위하는 고난의 삶과 헌신을 통해서 옵니다. 엘리사는 이 유업의 상을 받기 위해 믿음과 인내로써 엘리야를 따라야 했습니다(히 6:12).

우리는 엘리사의 헌신적 결의와 관련해서 또 다른 구약의 인물인 룻을 떠올릴 수 있습니다. 룻은 시어머니인 나오미로부터 자기를 따라 유대 나라로 오지 말고 고국에 머물라는 권고를 받았습니다. 그때 다른 며느리인 오르바도 함께 있었습니다.

"나오미가 이르되 내 딸들아 돌아가라 너희가 어찌 나와 함께 가려느냐…내 딸들아 되돌아가라…"(룻 1:11–12).

이 말에 오르바는 시어머니인 나오미에게 작별을 고하였습니다. 그때 나오미가 다시 룻에게 말했습니다.

"보라 네 동서는 그의 백성과 그의 신들에게로 돌아가나니 너도 너의 동서를 따라 돌아가라 하니"(룻 1:15).

이때 룻이 나오미에게 한 말은 하나님에 대한 헌신과 충성의 좌우명입니다.

"룻이 이르되 내게 어머니를 떠나 어머니를 따르지 말고 돌아가라 강권하지 마옵소서 어머니께서 가시는 곳에 나도 가고 어머니께서 머무시는 곳에 나도 가고 어머니께서 머무시는 곳에 나도 머물겠나이다. 어머니의 백성이 나의 백성이 되고 어머니의 하나님이 나의 하나님이 되시리니 어머니께서 죽으시는 곳에서 나도 죽어 거기 묻힐 것이라 만일 내가 죽는 일 외에 어머니를 떠나면 여호와께서 내게 벌을 내리시고 더 내리시기를 원하나이다 하는지라"(룻 1:16-17).

나오미는 룻이 자기와 함께 가기로 굳게 결심함을 보고 더이상 룻을 만류하지 않았습니다(룻 1:18). 우리는 여기서 하나님의 백성이 어떻게 하나님을 섬겨야 하는지에 대한 이상적인 모델을 봅니다. 엘리사는 엘리야의 거듭된 만류에도 불구하고 그를 떠나지 않고 온종일 그가 가는 곳마다 동행하였습니다. 그는 선지자 생도들이 벧엘과 여리고에서 그의 편을 들어주지 않았음에도 홀로 엘리사를 끝까지 따랐습니다. 룻도 동서였던 오르바가 시어머니를 두고 자기 고향으로 떠나는 것을 보고도 포기하지 않고 나오미를 따랐습니다. 우리는 주님을 따르는 일이 전혀 쉽지 않다는 것을 경험으로 압니다. 그런데 우리가 진정으로 알아야 하는 것은 여러 가지 반대와 낙심과 장애에도 불구하고 끝까지 주를 따르지 않으면 주님이 준비하신 축복을 얻지 못한다는 사실입니다.

하나님께서는 이스라엘 백성의 형식적이고 안일한 신앙 행위들을 보시고 그런 것들이 "내게 무슨 유익이냐?"(사 1:11)고 물으셨습니다. 우리의 신앙생활의 초점은 '하나님의 유익'에 쏠려 있어야 합니다. 우리는 너무도 많이 '자신들의 유익'에 편향되어 삽니다. 그래서 조금만 힘들다고 느껴지면 쉽게 포기합니다. 그러나 우리가 항상 던져야 할 질문은 '이것이 하나님께 유익한 일인가?' 하는 것입니다. 하나님께 유익이 되는 일을 하고 살면 결국 우리에게도 유익이 됩니다. 이것이 하나님께서 우리에게 복을 주시는 방법입니다.

우리가 구원을 받은 것은 결국 하나님을 위해서 사는 새 삶의 원리에 동의했다는 뜻입니다. 과거에는 자신의 유익을 위해 살았지만, 이제부터는 주 예수를 위해서 산다는 것입니다. 주님의 목표가 나의 목표가 되고, 주님의 나라가 나의 나라가 되며, 주님의 뜻이 내 뜻이 됩니다. 주님이 좋아하시는 일이 내가 좋아하는 일이 되고 주님이 원하시는 일이 나의 소원이 됩니다. 그래서 주님과 일치가 되고 연합이 되면 나는 내 삶의 초점을 자신에게 두지 않습니다. 모든 것이 예수님의 삶과 유익을 위한 것으로 귀착되기 때문입니다. 이것이 주기도문의 기도처럼 주의 뜻이 땅에서도 이루어지는 것입니다.

: 맺는말

하나님께서는 우리가 말로만 주님을 사랑하고 주님께 헌신하는 것을 사양하십니다. 그런 것은 주님께 아무 유익이 없기 때문입니다. 피상적이고 미지근한 경건은 우리 자신들에게도 아무 유익이 없습니다. 그래서 주님은 우리의 헌신을 테스트하십니다. 엘리사는 엘리야를 끝까지 포기하지 않고 홀로 따랐습니다. 우리는 마치 나 홀로 주님을 따르는 것과 같은 때라도 오직 주 예수의 유익을 위해서 단념하지 말아야 합니다. 우리는 주님의 나라와 복음의 유익을 위해서 살도록 부름을 받았기 때문입니다. 그런데 우리의 부름 속에는 우리가 상상할 수 없을 정도의 복이 담겨 있습니다. 이것은 엘리사의 경우에서 넉넉히 증명됩니다. 그는 엘리야 선지자를 한사코 놓지 않았기 때문에 이스라엘 역사에서 가장 위대한 선지자로 손꼽히는 엘리야의 마지막 길을 동행하는 특권을 누렸습니다. 그는 또한 엘리야의 겉옷을 받았고, 엘리야가 불마차로 승천하는 것을 그의 후계자로서 목격하였습니다.

하나님께서는 우리의 희생과 헌신과 충성을 보답해 주십니다. 엘리사는 지상에서도 큰 보상을 받았고 사후에도 물론 큰 상을 받았을 것입니다. 그는 지금까지 많은 성도와 사역자들에게 충성과 헌신의 모범으로서 칭송을 받고 있습니다. 주님의 유익을 위해서 살면 결국 나의 유익이 됩니다. 하나님께서 기뻐하시는 일을 신실하게 행하면 하나님의 칭찬을 받습니다. 그러나 칭찬 이전에 우리는 주님의 테스트를 받아야 합니다. 우리에게는 주님과 그의 나라에 대한 투신이 필요합니다. 지금까지의 엘리사의 스토리는 투신에 대한 것이었습니다. 하나님께 대한 투신이 없으면 요단 강 가에 설 수 없습니다. 요단 강 가에 서지 못하면 요단 강이 갈라지는 것을 체험하는 축복을 받지 못합니다.

그런데 우리의 투신은 방해를 받게 마련입니다. 각 성도의 믿음 생활은 같지 않습니다. 어떤 이는 많은 계곡을 지나 목적지에 이릅니다. 어떤 이는 비교적 순탄하게 목자를 따라갑니다. 어떤 이는 좀 더 빨리 요단 강에 닿고, 어떤 이는 이런저런 사유로 늦게 도착합니다. 어떤 이는 야곱처럼 엉덩이뼈가 탈골되는 중상을 입고 절뚝거리면서 도착합니다. 어떤 이는 처음에는 달리다가 나중에 지쳐서 간신히 걸어서 옵니다. 격전지에서는 전혀 다치지 않고 승리할 수 없습니다. 목적지까지 가려면 발목이 삐어도 삐고, 뒤꿈치가 벗겨져도 벗겨집니다. 어떤 신자도 도중에 전혀 실수가 없는 완벽한 순종을 할 수는 없습니다. 하나님께서 바라시는 것은 올바른 목표와 과정에 대한 꾸준한 신실입니다. 넘어져도 다시 일어나서 걸으면 됩니다. 낙심하지 말고 오직 주를 바라보며 푯대를 향해 달리면 주께서 맹세하시고 복을 내리시는 지점에 이르게 될 것입니다.

> "그러므로 피곤한 손과 연약한 무릎을 일으켜 세우고 너희 발을 위하여 곧은 길을 만들어 저는 다리로 하여금 어그러지지 않고 고침을 받게 하라"(히 12:12-13)

3장

엘리사의 겉옷

Elisha 엘리사

　본 항목은 엘리야의 마지막 기적과 그의 승천 기사를 다루고 있습니다. 엘리야는 자신의 겉옷을 둘둘 말아 요단 강물을 치고 좌우로 갈라지게 한 후에 마른 강바닥을 밟으며 엘리사와 함께 도강하였습니다. 이 모습은 모세가 지팡이를 든 손을 홍해 바다 위로 내밀어 물이 갈라지게 했던 사건을 연상시킵니다(출 14:16, 21). 이 기적은 여호수아가 가나안을 정복할 때 언약궤를 멘 제사장들의 발이 요단 강에 닿았을 때 강물이 그쳐서 백성들이 마른 땅으로 건너갔던 사건 이후로 처음 있는 일이었습니다(수 3:15~17). 여호수아 이래로 누구도 요단 강이 흐를 때 마른 강바닥으로 건넌 자가 없었습니다.

이제 엘리사가 엘리야의 이 놀라운 기적에 참여하는 특권을 누렸습니다. 그런데 언제 이러한 축복이 내렸습니까? 우리는 "그 두 사람이 요단 가에 서 있더니"(2:7) 라는 말을 주목해야 합니다. 엘리사는 길갈에서부터 여리고까지 포기하지 않고 엘리야와 동행하였습니다. 그는 여리고를 거쳐 요단 강 가에까지 왔습니다. 요단 강은 길갈이나 벧엘이나 여리고에서 건널 수 없습니다. 엘리사는 이 모든 시험의 과정을 통과하고 요단 강가에 섰기 때문에 엘리야의 대 기적을 체험할 수 있었습니다. 다른 제자 오십 명도 그들을 따랐지만, 가까이 오지 않고 방관자로서 멀찍이 멈추어 서서 구경만 할 뿐이었습니다. 투신이 없는 자들은 하나님의 놀라운 능력을 체험하지 못합니다.

: 믿음의 사람은 항상 하나님의 개입을
   기대합니다.

엘리사는 요단 강이 갈라질 줄을 몰랐습니다. 그가 안 것이라고는 엘리야 선지자를 하나님께서 조만간 데리고 가신다는 것뿐이었습니다. 아마 다른 선지자 수련생들도 요단 강의 기적을 체험할 것이라는 사실을 미리 알았더라면 처음부터 엘리사를 따라나섰을 것입니다. 그러나 그것은 믿음과 신뢰의 길이 아닙니다. 그들은 엘리야 선지자가 곧 소천할 것을 알았으면서도 엘리사처럼 그를 끝까지 따라가지 않았습니다. 곧 죽을 사람인데 자신들의 헌신을 보인들 무슨 소용이 있겠느냐고 생각했을지 모릅니다. 이 점에서 엘리사는 그들과 달랐습니다. 그는 자신이 엘리야 선지자의 시종이어서만이 아니고 소천하는 엘리야의 마지막 길에서 하나님이 무엇인가 중요한 계시를 하실 것으로 기대하였습니다. 엘리사는 자신이 맡게 될 선지자의 과업을 위해 하늘의 계시와 능력이 필요하였습니다. 그는 이 일이 엘리야의 소천에 즈음해서 언제라도 일어날 수 있다고 보았습니다.

엘리야가 분리의 지점인 요단 강을 자신의 겉옷으로 쳐서 갈라지게 한 기적은 분명 엘리야의 떠남이 임박하였다는 전조라고 보지 않을 수 없었습니다. 엘리야는 사실상 요단 강을 건넌후에는 앞에서 한 것처럼 엘리사에게 다음 행선지를 알리며 현지에 머물라고 하지 않았습니다. 엘리야는 목적지에 도착한 것이었습니다. 다행히도 엘리사는 그와 함께 있었습니다! 엘리야는 비로소 자신의 떠남을 알리며 엘리사에게 원하는 것을 청하라고 하였습니다.

> "나를 네게서 데려감을 당하기 전에 내가 네게 어떻게 할지를 구하라"(2:9).

엘리야 선지자가 언제 누구에게 이렇게 말했습니까? 요단 강 건너편에서 구경하던 선지자 수련생들에게 이런 오퍼를 했습니까? 아닙니다. 엘리야는 그와 함께 강을 건넌 엘리사에게 말했습니다. "건너매 엘리야가 엘리사에게 이르되"(9절) 라고 하였습니다. 하나님께서는 테스트를 받은 신실한 종에게 보답하십니다. 다른 사람들은 모두 방관만 하는데 혼자 하나님의 뜻을 따라가는 삶은 고독할 수 있습니다. 세상의 방식을 따르지 않는 역류의 삶은 언제나 힘들게 마련입니다. 아무도 동참하지 않고 후원하지 않는 일을 주님의 이름으로 행하는 것은 때때로 침체의 원인이 될 수 있습니다.

그러나 하나님의 보답은 언제나 후하게 넘칩니다. 요단 강을 마른 강바닥으로 건너는 기적을 이스라엘의 대 선지자인 엘리야와 함께 체험한 것만 해도 상상을 초월하는 축복입니다. 이스라엘 역사에서 이러한 기적은 다시 반복되지 않았습니다.

여호수아와 함께 요단 강을 건넜던 세대 이후로 아무도 이런 기적을 체험하지 못했는데 엘리사만 참여하는 영광을 누렸습니다. 그런데 더욱 놀라운 것은 엘리야가 세상을 떠나기 전에 엘리사의 소원을 들어줄 테니 청하라는 것이었습니다. 물론 엘리야는 개인 자격이 아닌 하나님의 대변인으로서 엘리사의 청을 들어주겠다는 말이었습니다. 엘리사는 즉각 대답하였습니다.

"당신의 성령이 하시는 역사가 갑절이나 네게 있게 하소서"(9절).

이것은 무슨 의미일까요? 엘리사가 엘리야보다 두 배나 더 큰 선지자가 되기를 원한다는 의미일까요? 엘리사는 그런 육적인 야망을 품은 자가 아니었습니다. 그는 장자가 아버지의 임종 때에 유산을 받아 가문의 재산과 전통을 이어나가듯이, 자기를 엘리야의 사역을 전수할 자로 보고 장자의 몫인 두 배를 청한 것이었습니다(신 21:17). 그런데 그가 원한 것은 물질적인 유산이 아니고 엘리야를 통해서 강력하게 드러났던 성령의 역사였습니다. 엘리사는 자신이 원하는 것이 무엇인지를 알고 구하였습니다. 우리는 하나님께 구하는 것이 갖는 진정한 의미를 모르고서 청하는 경우가 많습니다.

어떤 이들은 '돈 많이 벌게 해 주십시오.'라고 기도합니다. 그러나 성경이 가르치는 청지기의 원리대로 많은 돈을 잘 감당하여 재물을 지혜롭게 사용할 수 있는 자는 많지 않습니다. 어떤 이들은 '신유의 은사를 주십시오.'라고 기도합니다. 우리는 병만 고칠 수 있다면 하나님의 일을 큰 규모로 잘 감당할 수 있을 것으로 생각하기 쉽습니다. 그러나 그런 은사에 따르는 여러 가지 유혹을 감당할 수 있는 사람은 많지 않습니다. 이러한 청원의 참 의미와 그에 따르는 여러 문제를 분별할 수 있는 자들은 그런 은사들을 받는 것을 두려워합니다. 감당할 수 없는 것을 소유하는 것은 복이 아니고 화가 되기 때문입니다.

엘리야는 갈멜 산에서 제단에 불이 내리게 하고, 수년 동안 비도 이슬도 내리지 않게 하다가 다시 비를 내리게 한 선지자였습니다. 이스라엘에서 그를 모르는 자가 없었습니다. 더구나 엘리사는 평소에 엘리야의 삶을 곁에서 지켜보면서 그에게 나타나는 성령의 역사를 누구보다도 더 많이 목격하고 큰 감동을 받았을 것입니다. 그리고 이제 곧 세상을 떠나는 마당에서 나이 많은 엘리야가 자신의 겉옷으로 요단 강을 갈라지게 하는 것을 목격했을 때, 그러한 성령의 능력이 자신의 사역에서 반드시 필요하다는 것을 절실히 느꼈을 것입니다.

그런데 엘리사가 평소부터 이런 필요를 절감하지 않았다면 갑자기 예고도 없이 묻는 말에 금방 대답할 수 없었을 것입니다. 솔로몬도 왕이 된 후에 기브온에서 제사를 드렸을 때 여호와께서 꿈에 나타나셔서 "내가 네게 무엇을 줄꼬 너는 구하라"(왕상 3:5)고 하셨습니다. 그 때 솔로몬은 백성을 재판할 수 있는 분별력을 구하였습니다. 하나님은 그가 자기를 위하여 부귀나 장수나 전쟁의 승리를 구하지 않고 백성을 다스리는 지혜를 구한 것을 보고 마음에 들었다고 하시면서 구하지 않은 것들까지 다 주셨습니다(왕상 3:9-14).

솔로몬이 만약 평소에 하나님의 나라를 위해서 자신에게 꼭 필요한 것이 무엇인지를 바르게 생각하며 이를 소원하지 않았다면 어떻게 되었을까요? 갑자기 꿈에 나타나서 원하는 것을 구하라고 하시는 하나님의 오퍼에 당황하거나 그릇된 것을 청하였을 것입니다.

만일 하나님께서 나에게 무엇을 원하느냐고 물으신다면 금방 나올 수 있는 대답이 무엇일까요? 내 마음에 항상 지니고 사는 소원이 무엇입니까? 그 소원은 누구를 위한 것입니까? 내가 하나님과의 관계에서 늘 마음에 두고 기도하는 것이 있다면 어떤 것입니까? 우리는 평소에 우리의 마음을 가장 많이 채우고 있는 것들을 대답으로 내놓을 것입니다. 솔로몬은 지혜를 구하였고 엘리사는 성령을 구하였습니다. 나는 무엇을 구해야 할까요?

우리는 예수님이 "내 이름으로 무엇이든지 내게 구하면 내가 행하리라"(요 14:14)는 약속에 의지하여 많은 것을 주께 부탁합니다. 하지만 이 약속은 아무에게나 주신 것도 아니고 무엇이든지 내가 원하는 것을 주신다는 무한대의 조건 없는 보장도 아닙니다. 하나님께서 누구에게 이렇게 구하라고 하셨습니까? 이 약속은 주님을 사랑하며 주의 계명을 지키면서 주님의 제자됨을 드러내는 신자들에게 준 것이었습니다(요 13:34; 14:15). 다시 말해서 주님께 충성과 신실을 보이는 자들에게 준 약속이었습니다. 자기 욕심에 사로잡혀 세속적인 삶을 살거나 하나님의 뜻과 일에 무관심한 자녀들에게 준 것이 아닙니다.

엘리사처럼 주인을 따라 신실하게 어디든지 따라가는 자들에게 이러한 약속의 성취가 보장됩니다. 우리는 주님께 원하는 것을 내놓기 전에 우리의 신실함의 정도를 반성해 보아야 합니다. 길갈에서 주저앉고, 벧엘에서 중단하고, 혹은 여리고에서 기권하거나, 요단 강 가에서 멀리 떨어진 곳에 서서 구경만 하는 자들에게는 아무런 축복이 약속되지 않았습니다.

그럼 엘리사가 자신의 소원을 알린 후에 어떤 일이 생겼습니까? 금방 그에게 엘리야에게 역사한 성령이 갑절로 내렸습니까? 엘리야는 이상하게도 엘리사에게 원하는 것을 구하라고 해놓고 엉뚱한 반응을 보였습니다.

"네가 어려운 일을 구하는도다"(10절).

줄 테니까 부탁하라고 해놓고 나서 이렇게 말하면 발뺌을 하는 것이 아닙니까? 엘리야는 엘리사를 지금 놀리고 있는 것일까요? 그럴 리가 없습니다. 그는 곧 하나님의 부름을 받고 세상을 떠날 사람인데 어찌 그런 실없는 농담을 할 수 있겠습니까? 여기서 우리는 다시 엘리야의 숨은 뜻을 엿보게 됩니다. 그는 과연 대 선지자였습니다. 그는 자신의 사역과 생을 마감하는 최후의 순간까지 믿음과 신실로 넘쳤습니다. 그는 죽기 직전인데도 자신의 겉옷으로 요단 강을 쳐서 갈라지게 하였습니다. 하나님의 영은 그의 임종이 임박한 때에도 그를 크게 사용하셨습니다.

하나님께서는 갈멜 산에서만 엘리야와 함께하신 것이 아니었습니다. 엘리야는 이제 노년의 선지자였지만 여전히 흔들리지 않는 여호와에 대한 믿음으로 요단 강을 마른 땅처럼 건넜습니다. 그는 자신의 죽음을 목첩에 둔 시점에서까지 후진을 위해 봉사하기를 원했습니다. 그런데 노련한 엘리야는 엘리사의 손에 원하는 것을 금방 쥐어 주지 않았습니다.

엘리사에게는 마지막 시험이 남아 있었습니다. '네가 어려운 일을 구하는도다' 라는 말은 엘리사의 끈기와 믿음을 다시 한 번 시험하는 것이었습니다. 이 말은 앞에서 '너는 여기 머물라'고 한 말과 동일한 시험의 문맥에서 이해되어야 합니다. 엘리야는 엘리사를 떼어놓는 것이 목적이 아니고 그를 대동시키는 것이 목적이었습니다. 그러나 엘리사는 테스트를 통해서 자신의 충성과 신실을 증명해야 하였기에 그가 엘리야를 따라가는 곳마다 '너는 여기 머물라'는 지시를 받아야 했습니다. 그것은 엘리사로 하여금 하나님의 이름으로 맹세하는 전적인 헌신의 계기가 되었습니다. 그래서 엘리야는 엘리사가 맹세로 그와의 동행을 결심할 때마다 막지 않고 따라오게 하였습니다. 본문은 이 사실을 적시함으로써 엘리야의 의도가 엘리사를 떼어 놓으려는 것이 아니었음을 시사합니다.

> "이에 두 사람이 벧엘로 내려가니"(2절).
> "이에 두 사람이 가니라"(6절).
> "그 두 사람이 요단 가에 서 있더니"(7절)
> "두 사람이 길을 가며"(11절)

이처럼 엘리야가 마지막으로 엘리사에게 '네가 어려운 일을 구하는도다'라고 한 것은 원하는 것을 주지 않겠다는 말이 아니었습니다. 그는 이것이 어렵다고 했지만, 그렇다고 해서 불가능하다고 잘라서 말하지도 않았습니다. 이 말은 마지막 순간까지 철저한 테스트를 받고 하나님의 큰 약속이 실현되는 승리를 체험하라는 것이었습니다. 그래서 그는 이어서 말했습니다.

> "그러나 나를 네게서 데려가시는 것을 네가 보면 그 일이

네게 이루어지려니와 그렇지 아니하면 이루어지지 아니하리라"(10절).

엘리야는 높은 수준을 지닌 사람이었습니다. 그는 엘리사의 헌신의 표준을 조금도 낮추지 않고 최대치에 이르게 하였습니다. 그래서 '그렇지 아니하면 이루어지지 아니하리라'는 엄숙한 꼬리표를 붙였습니다. '네가 보면'은 엘리사의 청원이 이루어진다고 하였습니다. 이것은 엘리야가 최후의 테스트로서 엘리사에게 내건 조건이었습니다. 그러나 '보지 않으면' 아무것도 받지 못할 것이었습니다. 이 경고는 엘리사에게 최후까지 신실하게 오직 하나님의 일에 몸과 마음과 정신을 집중하라는 것이었습니다. 어려운 일이라고 해서 포기하거나 다른 쉬운 것을 구하지 말고 최선의 것을 놓고 부단한 신뢰로 하나님을 끝까지 기다리라는 것이었습니다.

지금도 하나님께서는 어떤 의미에서 성령의 능력을 달라고 청하는 자들에게 '네가 어려운 일을 구하는도다'라고 말씀하십니다. 이것은 구하는 것을 주는 일이 어렵다는 뜻이 아니고 테스트를 거쳐야 한다는 뜻입니다. 우리가 하나님께 크고 중요한 것을 구할 때 그것이 아무리 하나님의 나라를 위한 것이라도 즉석에서 주어지지 않습니다. 오순절의 제자들도 기도하자 마자 성령의 부음을 받지 않았습니다. 그 까닭이 무엇이겠습니까?

거쳐야 할 충성과 신실이 증명되어야 하기 때문입니다. 하나님은 매우 후하시기 때문에 자녀들의 필요를 공급해 주기를 기뻐하십니다. 그러나 자녀들이 하나님께 충성을 보이기를 또한 기대하십니다. 예수 그리스도의 영을 달라고 청하는 것은 주님의 부활 능력에 참여하는 것을 의미합니다. 주님은 하나님의 나라가 가져오는 영광을 원하는 제자에게 "너희는 내가 마시는 잔을 마실 수 있느냐"고 도전하셨습니다(막 10:37-40).

엘리야는 한 가지 엘리사에 대해서 확신하는 것이 있었습니다. 그는 약 10년 전에 성령의 지시에 따라 엘리사에게 자기의 겉옷을 던졌던 사실을 기억하였습니다. 그는 하나님께서 분명히 엘리사를 부르셨기에 엘리사에게 필요한 능력을 주실 것을 믿었습니다. 하나님께서는 어쩌면 엘리야 자신의 임종 직전까지 엘리사에게 내리실 성령의 능력을 기다리게 하실지 몰랐습니다. 만약 엘리사가 전적으로 신실하다는 것이 증명되면, 하나님께서는 분명 그의 필요를 채우실 것이었습니다. 엘리야는 이같은 믿음으로 엘리사에게 자신이 데려감을 당하는 것을 보면 원하는 것을 받을 것이라고 약속하였습니다. 이 약속 후에 "두 사람이 길을 가며 말하더니"(11절)라고 한 것은 엘리사가 여전히 계속해서 엘리야를 떠나지 않고 있었음을 강조한 것입니다.

엘리야는 그의 지상에서의 마지막 몇 시간을 함께 동행하는 엘리사에게 과거의 그 어느 때보다도 자기 마음을 열었을 것입니다. 그들은 길갈에서부터 시작하여 벧엘로 갔었고 다시 여리고로 갔습니다. 그리고 요단까지 동행하였습니다. 그들은 요단강을 건넌 후에도 계속하여 함께 걸으며 교제하였습니다. 그 결과가 무엇입니까? 엘리사는 엘리야의 말대로 그의 승천을 목격하였습니다.

: 믿음의 사람은 '오는 세대'의 실체를 봅니다.

"두 사람이 길을 가며 말하더니"(11절).

이 구절은 예수님이 엠마오로 가던 두 제자에게 나타나서 그들과 동행하시면서 성경을 풀어 주시던 장면을 연상케 합니다 (눅 24:13-35). 엘리야는 자신의 사역을 돌아보고 여러 면에서의 경험을 이야기해 주었을 것입니다. 이것은 엘리사에게 귀감과 교훈이 되었을 것입니다. 엘리야와 같은 스승과 함께 동행하며 말씀을 듣고 교제하는 일은 얼마나 귀하고 부러운 일인지 모릅니다. 엘리사는 한 마디도 놓치지 않으려고 온 정신을 쏟아 귀담아들었을 것입니다. 어쩌면 예수님이 엠마오로 가던 두 제자에게 하신 것처럼 엘리야가 하나님의 놀라운 일들을 설명할 때에 엘리사의 마음이 뜨거워졌을 것입니다(눅 24:32). 그렇다면 이제 엘리사는 엘리야가 떠나는 것을 볼 준비가 된 셈이었습니다.

"불수레와 불말들이"(11절) 내려온 때는 언제였습니까? 엘리사가 엘리야와 동행하며 깊은 교제를 나눌 때였습니다. 언제 엘리야가 회오리바람을 타고 하늘로 올라가는 것을 엘리사가 "보고"(12절) "내 아버지여 이스라엘의 병거와 그 마병이여"(12절) 라고 외쳤습니까? 그가 엘리야와 단둘이 계속 걸으면서 이야기 할 때가 아니었습니까? 엘리사는 자신이 보아야 할 것을 보았습니다. 이 경이로운 계시는 오직 그의 눈에만 보였습니다. 다른 선지자 생도들은 아무것도 보지 못하였습니다. 그러므로 그들은 하나님께서 엘리야를 어느 산에나 골짜기에 내던지셨을지 모르니 오십 명의 수련생들을 보내어 찾도록 하자고 엘리사에게 간청하였습니다. 물론 그들의 부질 없는 수색 작업은 실패로 끝났습니다(16-18절).

왜 이런 엉뚱한 짓을 하게 되었을까요? 그들은 엘리야와 깊은 교제가 없었기 때문입니다. 그들에게는 끝까지 하나님의 일에 투신하여 능력을 받고 하늘의 실체를 보려는 결의가 없었습니다. 하나님은 그런 자들에게 하늘의 불수레와 불말들을 보여주시지 않습니다. 계시의 순간은 오직 엘리사를 위한 것이었습니다. 그런데 이런 특권이 어떻게 엘리사에게 주어졌습니까?

우리는 속성과를 좋아합니다. 그냥 하늘에서 무엇이 뚝 떨어지기를 바랍니다. 우리의 시계는 항상 빨리 갑니다. 그러나 하나님의 시계는 결정적인 최후의 때가 임할 때까지 답답할 정도로 느리게 갑니다. 복음은 장기전입니다. 엘리사가 어떤 과정을 거치고 하늘의 불병거와 불말들을 보았습니까? 그가 엘리야로부터 얼마나 많은 테스트를 받았습니까? 그는 매번 믿음과 충성으로 위기를 넘겨야 했습니다. 오직 하나님과 함께 끝까지 동행하는 매 과정의 신실을 통해서만이 하늘의 실체를 볼 수 있습니다.

주님을 따르는 삶은 도중에 멈추면 의미가 없습니다. 잘 달리다가도 끝까지 가지 않으면 부끄러움을 당합니다. 우리는 어디까지 와 있습니까? 우리는 길갈에 머물고 있지는 않습니까? 혹은 벧엘에서 그냥 머물기를 원하지는 않습니까? 아니면 여리고에서 모든 것을 포기해 버린 것은 아닙니까? 어쩌면 요단 강 앞에서 두려워서 뒤로 물러서 버렸는지도 모릅니다. 주님은 우리에게 각 단계에서 머물 수 있는 선택의 자유를 주십니다. 우리는 도중에 하차할 수 있습니다. 우리는 더는 가지 않을 수 있습니다. 그러나 그것은 우리가 주를 끝까지 따름으로써 오는 놀라운 축복들을 수용하지 않겠다는 체념입니다.

엘리야는 자기의 죽음이 어떠할 것을 미리 알았음이 틀림없습니다. 그렇지 않다면 "나를 네게서 데려가시는 것을 보면"이라는 수수께끼 같은 말을 하지 않았을 것입니다. 그가 만일 정상적인 죽음을 맞게 된다면 그의 죽음을 보는 것은 아무 의미가 없었을 것입니다. 엘리사는 이미 엘리야와 함께 있었습니다. 엘리야가 죽는 것은 정상적인 경우라면, 엘리사가 보는 앞에서 죽는 것이었습니다. 그렇다면 이런 평상적인 죽음을 보는 것을 엘리사가 성령의 능력을 받는 조건으로 내세울 필요가 없었을 것입니다. 엘리야는 적어도 자기의 죽음이 초자연적인 방법일 것을 알았고 그것은 곧 엘리사에게 심대한 영향을 주는 사건일 것을 선지자의 통찰로 내다보았기에 엘리사가 자신의 데려감을 '보면' 청원한 일이 성취될 것이라고 말하였습니다.

엘리사가 본 것은 모두 초자연적인 것이었습니다. 불수레와 불말들과 회오리바람을 타고 하늘로 올라가는 엘리야는 이 세상에 속한 현상이 아니었습니다. 그것들은 하나님의 "오는 세상"(엡 1:21)의 실체들이었습니다. 현재 우리가 사는 "이 세대"(롬 12:2; 고전 2:8)는 우리가 보고 본받지 말아야 합니다. 이 세대는 "악한 세대"(갈 1:4)입니다. 악한 세대란 하나님을 대항하고 예수 그리스도의 복음을 배척하는 인류의 타락한 삶을 지칭합니다. "이 세대"는 죄의 세상이기에 부패와 죽음의 먼지가 날마다 쌓이고 있습니다. 이 세대를 바라보면 소망이 없습니다. 그래서 성경은 눈을 돌려 주 예수를 바라보고 복음을 믿으라고 호소합니다. 인류의 소망은 영원하고 썩지 않는 하늘에 속한 "오는 세상"(엡 1:21)의 실체를 보고 붙잡는 것입니다. 우리에게 새 생명을 주는 것은 하늘에 속한 것들입니다. 예수님은 하늘에서 내려오셨습니다.

예수님의 모든 행위와 가르침은 이 세상 것이 아닌 하늘에 속한 "오는 세상"의 실체들이었습니다. 예수님은 자신의 십자가 대속과 부활로 "오는 세상"에 속하는 하나님의 나라를 시작하셨습니다. 우리가 주님을 믿고 살아야 하는 까닭이 무엇입니까? 하나님의 나라에 들어가서 "오는 세상"의 영광을 보고 영원한 구원을 받기 위함입니다. 그러므로 이스라엘의 살길도 하나님의 "오는 세상"의 실체를 보는 것이었습니다. 엘리사가 엘리야가 없이 선지자의 사명을 감당하는 데 필요했던 것도 "오는 세상"의 실체를 보는 것이었습니다. 그가 만약 하나님을 대적하며 우상을 따르는 "이 세대"의 현상에만 시선이 갔다면 두려워하고 좌절했을 것입니다.

그러나 불수레와 불말들과 엘리야의 승천에 시선이 고정되면, 엘리사는 "오는 세상"의 실체에 비추어 모든 것을 생각하고 행하게 될 것이었습니다. 이것이 크리스천 삶의 승리의 비결입니다. 주 예수를 구주로 믿는 자들은 하늘에 속한 자들입니다. 우리의 시민권은 하늘에 있습니다(빌 3:20). 그러므로 바울은 "위의 것을 생각하고 땅의 것을 생각하지 말라"(골 3:2)고 하였습니다. 엘리사는 "이 악한 세대"를 거슬러 하나님을 섬기고 선지자의 사명을 다 하려면 언제나 잊지 말아야 할 것이 있었습니다. 그것은 엘리야의 데려감이 계시한 "오는 세상"의 영광과 능력이었습니다.

이 세대는 우리에게 아무런 영광도 능력도 주지 않습니다. 이 세대는 찬란한 하늘의 불수레와 불말들을 제공할 수 없습니다. 이 악한 세상은 "오는 세상"의 영광에 사라질 것입니다. 엘리사는 엘리야를 하늘로 들어 올린 신령한 회오리바람의 실존을 보았습니다. 우리를 이 부패한 죽음의 세상에서 갈라놓는 하늘의 불수레와 불말들은 어디서 온 것입니까? 그것들은 "그리스도께서 하나님 우편에 앉아 계신"(골 3:1) 곳에서 온 신령한 능력들입니다. 엘리야를 죄와 죽음의 세상에서 들어 올린 것은 예수 그리스도를 무덤에서 일으켜 올렸던 성령의 능력이었습니다.

엘리사는 이제 보아야 할 것을 보았습니다. 자신이 앞으로 어디에 마음을 두고 무엇을 생각하며 어떻게 살아야 할 것인지를 보았습니다. 그는 하늘의 실체를 보았습니다. 그는 주 하나님을 위해서 전적인 헌신으로 사는 삶의 가치를 보았습니다. 그는 능력의 원천을 보았고 신실한 종에 대한 하나님의 영광스런 보상을 보았습니다. 그는 엘리야의 하나님을 본 것이었습니다.

이제 엘리사는 자기 주인이 하나님을 그토록 강렬하게 섬길 수 있었던 비결을 보았습니다. 그것은 곧 엘리야가 "오는 세상"의 천상적 세계의 실체에 항상 닿아 있었다는 사실이었습니다. 갈멜 산에서 타올랐던 제단의 불과 요단 강을 갈라지게 한 기적의 능력은 다른 차원의 세상에서 온 것이었습니다. 엘리사는 이제 엘리야가 항상 품었던 하늘의 비전이 그가 서서 바라보는 현장에서 선명하게 나타난 것을 목격하였습니다. 엘리야는 이 오는 세상의 실체를 바라보며 살았기 때문에 하나님의 강력한 능력의 종이 될 수 있었습니다. 엘리사도 이제 오는 세상의 실체를 볼 수 있었습니다. 그러기에 그도 엘리야의 발자취를 따를 수 있을 것이었습니다.

엘리사는 비로소 영적 실체에 눈이 열렸습니다. 이것이 엘리사가 오랜 테스트를 받고 도착한 목적지였습니다. 그는 "엘리야의 하나님 여호와는 어디 계시니이까" 라고 외치면서 엘리야의 겉옷으로 강물을 쳤습니다. 강물은 엘리야가 처음 물을 쳤을 때처럼 좌우로 갈라졌습니다. 이제 엘리야의 하나님은 엘리사의 하나님이 되었습니다. 엘리야의 겉옷은 엘리사의 겉옷이 되었고 엘리사는 명실공히 엘리야의 후계자로서 죽음의 강을 이기고 강 건너편으로 건너갔습니다. 이로써 엘리사의 위대한 사역이 시작되었습니다.

: 하늘의 실체를 응시한 자에게
  엘리야의 겉옷이 떨어집니다.

엘리야는 순식간에 회오리바람을 타고 하늘로 올라갔습니

다. 조금 전까지 엘리야는 엘리사와 함께 걷고 함께 이야기하였습니다. 그러나 그의 갑작스러운 승천은 "오는 세상"의 찬란한 영광에도 불구하고 엘리사의 가슴에 심한 충격을 주었습니다. 그래서 그는 외쳤습니다.

> "내 아버지여 이스라엘의 병거와 그 마병이여 하더니 다시 보이지 아니하는지라"(12절).

큰 인물은 이 세상을 떠나고 나면 더욱 그 존재가 뚜렷해집니다. 엘리야는 과연 이스라엘의 병거와 마병을 대표하는 선지자였습니다. 그는 하늘에 속한 자로서 바알 종교에 노예가 된 이스라엘 백성을 구출하기 위해 그들 앞에서 달렸던 용맹한 이스라엘의 병거와 마병이었습니다. 이것은 엘리야에 대한 정확한 평가였습니다. 물론 이 외침에는 위대한 스승을 잃는 엘리사의 개인적인 슬픔이 서려 있습니다. 그러나 우리는 그 이상의 것을 볼 수 있어야 합니다. 엘리사는 "오는 세상"의 현란한 실체를 본 자였습니다. 하나님의 살아 계심과 하늘에 속한 실체에 부딪힌 자들은 커다란 변화를 일으킵니다. 생각과 말과 결정하는 일에서, 세상을 보는 가치관에서 그리고 자신을 보는 눈에 큰 변화가 일어납니다.

엘리사는 영원히 이스라엘을 떠난 엘리야에 대한 국가적인 손실과 개인적인 슬픔에 젖어 어깨가 늘어지지 않았습니다. 그는 자기가 입고 있던 옷을 잡아 둘로 찢었습니다. 이것은 관습적으로 황당한 일을 당했을 때의 슬픔이나 분노와 같은 격한 감정을 드러내는 행위였습니다. 그러나 우리는 여기서도 그 이상의 것을 볼 수 있어야 합니다. 엘리사는 이제 하늘에 속한 "오는 세상"의 실체를 본 사람이기에 전통적인 슬픔의 표현으로 그치지 않았습니다. 그는 자신에게 속한 이 세상의 옷을 찢고 하늘에 속한 옷으로 갈아입었습니다.

> "엘리야의 몸에서 떨어진 겉옷을 주워 가지고 돌아와 요단 언덕에 서서"(13절).

엘리야는 하늘로 사라졌습니다. 그러나 그의 겉옷은 엘리사 앞에 떨어져 있었습니다. 이것은 엘리사가 엘리야에게 부탁했던 갑절의 성령에 대한 응답을 가시적이고 상징적으로 보여 주는 물적인 증거였습니다. 엘리야는 떠났습니다. 하나님의 사람들은 때가 되면 우리 곁을 떠납니다. 아브라함도 떠났고 모세도 떠났고 사무엘도 떠났습니다. 그리고 우리가 존경하는 이 시대의 엘리야들도 떠나는 때가 옵니다.

그러나 우리 주 예수 그리스도는 항상 우리와 함께 계십니다. 이스라엘의 참 병거와 마병은 주님이십니다. 엘리야는 하늘로 승천하였습니다. 그는 다시는 우리 곁으로 돌아오지 않습니다. 그러나 주님은 승천하셨지만, 우리에게 성령으로 돌아오셨습니다. 그런데 성령의 내주를 받는 것과 성령의 능력으로 옷 입는 것은 별개의 영역입니다. 모든 크리스천은 성령의 내주를 받습니다. 그러나 모든 크리스천이 빠짐없이 누구나 성령의 능력을 체험하는 것은 아닙니다. 엘리야의 능력의 겉옷은 하나님을 신뢰하고 하늘의 실체를 응시하는 자에게만 떨어집니다. 이것이 엘리사와 다른 선지자 수련생들과의 차이였습니다.

하나님의 사람들은 하늘의 실체를 바라보고 사는 자들입니다. 그들의 시선은 덧없는 허상에 불과한 "이 악한 세대"에 사로잡히지 않습니다. 그들은 이 세상을 살되 하늘의 실체에 비추어 삽니다. 그들은 항상 위의 것을 찾으며 삽니다(골 3:1). 그들은 "하늘과 땅의 모든 권세"(마 28:18)를 받으신 주 예수 그리스도의 능력을 사모하며 삽니다.

엘리사는 엘리야의 겉옷을 집어 들었습니다. 이것은 믿음의 행위였습니다. 그가 엘리사의 떨어진 겉옷을 붙잡았을 때 엘리야의 유품을 주운 것이 아니었습니다. 그는 엘리야의 겉옷이 상징하는 성령의 능력을 믿었습니다. 그는 엘리야의 겉옷이 자기가 원했던 곱절의 성령의 역사가 일어나는 통로가 될 것을 직감하였습니다. 그는 엘리야의 겉옷이 하늘에서 떨어진 은혜의 선물임을 믿었습니다. 그리고 그는 건너온 요단 강의 물을 엘리야의 겉옷으로 다시 가르고 마른 강바닥으로 건너갈 것을 믿었습니다. 하늘의 실체를 본 자들은 하나님의 능력을 의심하지 않습니다. 이제 엘리사는 진정으로 믿음의 사람이 되었고 하나님의 선지자로서 봉사할 수 있는 담대한 종이 되었습니다.

> "엘리야의 몸에서 떨어진 그의 겉옷을 가지고 물을 치며 이르되 엘리야의 하나님 여호와는 어디 계시니이까 하고 그도 물을 치매 물이 이리저리 갈라지고 엘리사가 건너니라"(14절).

엘리야가 없는 상황에서 넘치는 요단 강을 엘리사가 혼자 다시 건널 수는 없었습니다. 그러나 그의 손에는 엘리야의 겉옷이 쥐어 있었습니다. 그는 이제 모든 테스트를 통과한 자로서 엘리야의 겉옷을 믿음으로 적용해야 하는 현실에 직면하였습니다. 믿음에는 정도가 있습니다. 어떤 이는 자기 발 앞에 떨어진 엘리야의 겉옷을 주울 믿음이 없습니다. 어떤 이는 주운 엘리야의 겉옷으로 요단 강물을 칠 믿음이 없습니다. 그런가 하면 어떤 이들은 엘리사처럼 엘리야의 겉옷으로 요단 강 앞에서 하나님의 이름을 부르며 강물을 치고 건넙니다.

하늘의 실체를 보는 것은 찬란한 기쁨입니다. 베드로와 요한과 야고보는 변화 산에서 하늘의 실체를 보았습니다. 그들은 "오는 세상"의 영광으로 빛나는 주님의 모습을 보았습니다. 그들은 그곳에서 하나님의 음성도 들었습니다. 그러나 그들은 "우리가 여기 있는 것이 좋사오니"(막 9:5) 초막을 짓고 그냥 살자고 하였습니다. 그들은 강물이 넘치는 요단 강의 현실로 내려가기를 원치 않았습니다. 그들이 바랐던 기독교는 무사안일 종교였습니다. 전혀 하는 것도 없이 자기들끼리만 모여서 변화 산의 분위기에 편승하여 경건한 척하며 하나님께서 자기들에게 특혜를 주셨다고 믿고 사는 것이었습니다.

그런데 평지에는 귀신 들린 아이가 입에 거품을 품고 이를 갈며 괴로워하고 있었습니다. 변화 산의 영광을 목격한 자들은 평지로 내려와야 합니다. 불수레와 불말을 본 자들은 죄 많은 땅의 현실로 돌아와서 복음을 전해야 합니다. 엘리야의 겉옷을 붙잡은 자들에게는 할 일이 있습니다. 그들은 요단 강을 가르고 건널 수 있게 하는 하늘에 속한 능력이 어떤 것인지를 이 죽어가는 세상에 보여 주어야 합니다. 요단 강은 언제나 넘치는 공포의 강입니다. 요단 강은 하나님의 사람들에게 적개심에 불타는 도전장을 내밉니다. 요단 강이 갈라지고 마르지 않으면 도강은 실패로 돌아갑니다. 요단 강은 엘리야의 겉옷이 없이 자신의 능력으로 건너보려고 만용을 부렸던 많은 사람을 수장시킨 익사의 강입니다.

그럼 엘리사가 요단 강 가에서 엘리야의 하나님이 어디 계시느냐고 외친 것은 무엇을 의미하는 것일까요? 엘리사도 요단 강의 도전과 위협 앞에서 두려워한 것일까요? 아닙니다. 그가 엘리야의 하나님이 어디 계시느냐고 한 것은 하나님이 계신 소재를 몰라서 물은 것이 아닙니다. 이 말은 엘리야를 통해서 역사하셨던 여호와 하나님이 이제 여기 계신다는 것을 드러내시라는 믿음의 요청이었습니다.

하나님께서는 지금도 주님을 섬기고 따를 자들을 이런 방식으로 부르십니다. 주님이 우리에게 바라시는 것은 무엇일까요? 길갈에서 시작한 걸음을 하나님 나라의 실체를 볼 때까지 신실하게 따르라는 것입니다. 하나님께서 자기 백성에게 내려 주시는 엘리야의 겉옷은 우리를 위한 것입니다. 이 능력의 겉옷을 원하는 자들은 주님과 함께 길을 가며 어떤 위험과 고난이 와도 포기하지 말고 영원한 하나님 나라의 실체를 볼 때까지 주님 곁에 서 있어야 합니다. 요단 강이 갈라지는 것은 요단 강물을 엘리야의 겉옷으로 치는 자들에게만 일어납니다. 엘리야의 하나님이 나의 하나님이 되게 하십시오.

[성령의 즉각적인 효과는 무엇이었습니까?]

엘리사는 엘리야의 겉옷을 집어 들었습니다. 그에게는 확신과 담대함이 있었습니다. 그는 멀리 서 있는 오십 명의 선지자 수련생들이 보는 앞에서 성령의 능력에 의지하여 요단 강을 쳐서 좌우로 갈라지게 하는 담대함을 보였습니다. 그는 자신의 대스승이 해내었던 일을 홀로 행할 만큼 새로운 소명과 믿음의 확신으로 불타고 있었습니다.

성령은 지금도 우리에게 동일한 확신과 담대함을 줄 수 있습니다. 초대 교회의 제자들은 오순절에 성령의 능력을 받은 후에는 두려워하지 않고 복음을 외치며 놀라운 능력을 발휘하였습니다. 담대함은 성령이 주는 선물입니다. 이것은 자신감과 다릅니다. 자신감은 나를 믿는 것입니다. 이런 믿음은 자신에 대한 과신입니다. 자신감은 자신과 현실을 바로 보지 못하는 맹점을 지니고 있습니다. 여리고의 선지자 수련생들은 자신했기 때문에 엘리야 선지자를 찾을 수 없었습니다. 그들은 오십 명의 용감한 사람들을 과신하였습니다(왕하 2:16). 그러나 그들은 엘리야의 행방을 완전히 오해하고 부질없는 에너지만 소비하였습니다.

하나님의 일에서 자신감은 실패의 선봉입니다. 반면, 담대함은 자신에 대한 확신이 없습니다. 이 같은 겸비의 정신은 자신의 능력이 아닌 하나님을 신뢰합니다. 엘리사는 자신에 대해서는 아무것도 확신할 것이 없었습니다. 그러나 그는 하나님에 대해서는 모든 것을 확신할 수 있었습니다. 그는 하늘의 실체를 보았고 엘리야가 가진 능력의 원천을 직시했기 때문입니다. 이것이 그가 요단 강을 건넌 비결이었습니다.

오늘날 우리는 엘리사처럼 하늘에서 내려온 불병거나 불말들을 보지 못합니다. 우리는 하나님의 사람이 실제로 회오리바람을 타고 하늘로 승천하는 것을 보지 못합니다. 그러나 이러한 하늘의 실체는 하나님의 말씀 속에서 지금도 우리에게 계시되고 있습니다. 우리는 문자적인 의미에서 실제로 엘리야의 겉옷이 떨어진 것을 발견하지 못할 것입니다. 그러나 하나님의 능력의 증거는 성령의 검(劍)인 말씀을 통하여(엡 6:17) 지금도 드러납니다. 하나님의 말씀의 강력한 역사는 오직 주 예수 그리스도의 복음을 위해서 살려고 하는 성도들의 삶 속에서 지금도 나타나고 있습니다.

성령은 말씀을 통해서 연약하고 두려움이 많은 자를 담대하게 만듭니다. 성령은 부족한 자들에게 필요한 은사를 부어주고, 약한 의지를 굳세게 해 주며 각자의 소명을 감당하게 하십니다. 엘리야는 떠났지만, 하나님께서 맡겨 주신 엘리야의 사역은 엘리사에 의해 중단 없이 계속되었습니다.

엘리사가 엘리야의 겉옷을 집어 들고 요단 강으로 돌아가서 엘리야가 한 대로 강물을 치며 건넌 것은 그의 사역이 엘리야의 사역과 연결되었음을 의미합니다. 일꾼은 바뀌었지만 일 자체는 바뀌지 않았습니다. 하나님의 구원 사역은 일꾼이 바뀐다고 해서 정지되지 않습니다. 우리의 엘리야가 없어도 우리는 "오는 세상"의 비전 속에서 성령의 능력에 의존하여 주님을 위해 큰 일을 계속할 수 있습니다.

우리도 하나님 나라의 확장을 위한 책임을 넘겨받았습니다. 우리는 훌륭한 기독교의 유산을 물려받았습니다. 위대한 믿음의 선열들은 더는 우리와 함께 있지 않습니다. 현재 생존한 영적 멘토들도 때가 되면 세상을 떠납니다. 그들의 자리를 맡으려면 우리의 부족을 통감합니다. 그들의 겉옷은 우리의 영적 치수보다 훨씬 더 크기 때문입니다.

그러나 우리는 두려워 말고 엘리사처럼 하나님을 확신하고 그분을 신뢰해야 합니다. 여호와는 구속의 역사를 통해 수많은 승리를 주셨습니다. 여호와 하나님은 믿음의 조상들의 삶을 통해서 강력하게 역사하셨습니다. 주님은 아브라함과 이삭과 야곱의 하나님이시며 모세와 사무엘과 다윗의 하나님이십니다. 주님은 루터와 칼빈의 하나님이시며 웨슬리와 휫필드의 하나님이십니다. 주님은 경건했던 청교도들의 하나님이시며 복음을 위해 목숨을 내놓았던 수많은 순교자의 하나님이십니다.

그런데 우리의 위대한 믿음의 선진들도 모두 우리와 성정이 같은 사람들이었습니다. 그러나 하나님께서는 그들에게 성령의 능력을 주시고, 진리의 말씀으로 가르치시며, 풍성한 영적 체험을 통해 강하게 하시고 자라게 하셨습니다. 그렇다면 우리의 연약은 문제가 되지 않습니다. 우리의 능력은 엘리사에게 엘리야의 겉옷이 떨어지게 한 여호와께로부터 오기 때문입니다.

4장

헛수고를 하는 사람들

Elisha 엘리사

"맞은 편 여리고에 있는 선지자의 제자들이 그를 보며 말하기를 엘리야의 성령이 하시는 역사가 엘리사 위에 머물렀다 하고 가서 그에게로 나아가 땅에 엎드려 그에게 경배하고"(왕하 2:15)

여리고에서 온 선지자 수련생들은 요단 강 가에서 멀리 떨어진 곳에서 엘리야가 자신의 겉옷으로 강물을 치며 엘리사를 데리고 요단 강을 건너는 것을 보았습니다. 그런데 강을 다시 되돌아올 때는 엘리야는 없고 엘리사만 엘리야의 겉옷으로 강물을 가르며 도강하였습니다. 이러한 기적은 대 선지자인 엘리야만 행할 수 있는 능력으로 알았던 선지자 생도들은 엘리사가 행하는 기적에 큰 감동을 받았습니다.

: 선지자 수련생들은
엘리사의 기적에 현혹되었습니다.

수련생들은 엘리사에 대해서 두 가지를 인정하였습니다. 하나는 엘리야 선지자에게 역사하셨던 성령이 엘리사 위에 내렸다는 것이고, 다른 하나는 그를 스승으로 모시겠다는 것이었습니다. 그들은 엘리사를 보고 "당신의 종들"(16절)이라고 부르며 땅에 엎드려 엘리사에게 큰절을 하였습니다(15절).

지금까지 방관만 하던 수련생들이 엘리사에게 엎드려 절을 할 정도로 큰 감동을 한 원인은 무엇일까요? 한 마디로 기적이었습니다. 엘리사가 아무런 기적도 행하지 못하고 엘리야를 따라 다닐 때는 누구도 그를 특별한 자로 인정하지 않았습니다. 그런데 그들이 엘리사에 대해서 한 가지 모르는 것이 있었습니다. 그들은 엘리야가 승천할 때까지 엘리사가 받은 여러 번의 테스트가 지닌 의미를 몰랐습니다. 그들은 단순히 엘리사의 겉옷만 손에 쥐면 기적이 일어난다고 믿었을 것입니다. 아마 그들은 엘리야의 겉옷을 손에 넣지 못하고 엘리사에게 빼앗긴 것을 아깝게 여겼을지 모릅니다. 그렇지만 엘리야의 겉옷이 엘리사 손에 있는 한, 그를 무시할 수 없었습니다. 그들은 모두 엘리사의 기적의 능력 앞에 무릎을 꿇었습니다.

조금 전만 해도 엘리사를 그들 중의 한 수련생으로 바라보았는데 이제는 아부에 가까운 큰절을 하였습니다. 개역 성경에는 그들이 "경배" 했다고까지 번역하였습니다. 단 한 번의 기적이 그들의 자세를 금방 바꾸어 놓았습니다. 그들은 엘리사가 그동안 엘리야와 함께 길갈과 벧엘과 여리고와 요단 강을 건너는 과정에서 받았던 영적 훈련과 엘리야의 승천을 목격하면서 가졌던 비상한 영적 체험에 관해서는 관심이 없었습니다.

기적은 많은 사람에게 지금도 영적 실체로부터 눈이 멀게 합니다. 치유의 기적이 일어난다고 하는 곳에는 언제나 사람이 많이 모여듭니다. 치유의 은사가 어디에서 왔든지 상관하지 않습니다. 병만 나으면 되니까요. 그런 사람들은 사탄이 병을 낫게 해 준다고 해도 굳이 반대하지 않을 것입니다. 그래서 누구든지 치유의 은사를 가졌다고 주장하는 사역자들의 발 앞에는 수많은 사람이 엎드립니다.

예수님 당시에도 많은 무리가 주님의 기적 자체에 눈이 멀어서 병 고치고 공밥까지 얻어먹으려고 모여들었습니다. 그들은 예수님을 억지로 왕으로 세워서 자기들이 원하는 것을 다 해결해 주기를 바랐습니다. 그러나 그들의 대부분은 예수님의 복음을 배척하였고 나중에는 주님 곁을 떠났습니다(요 6:14-15, 26, 66).

엘리사의 기적은 참 선지자의 기적으로서 하나님이 행하신 것이었습니다. 그럴지라도 기적 자체가 우리의 마음을 사로잡아서는 안 됩니다. 기적 뒤에 가려진 구원의 메시지를 읽을 수 없으면 현상적인 것에 모든 가치를 두게 됩니다. 하나님의 나라는 보이는 것보다 보이지 않는 것에 대한 영원한 가치와 "오는 세상"(엡 1:21)의 실체를 붙잡는 하나님의 종들에 의해서 전진해 나갑니다. 엘리사는 그런 사역자의 한 사람이었습니다.

: 엘리야를 찾는 어리석은 열심

여리고의 선지자 수련생들이 얼마나 영적으로 얄팍한 상태였는지는 그들이 엘리사에게 엘리야 선지자 수색 대원을 조직하자는 제안에서 역력히 볼 수 있습니다.

> "그에게 이르되 당신의 종들에게 용감한 사람 오십 명이 있으니 청하건대 그들이 가서 당신의 주인을 찾게 하소서 …"(16절).

이들이 왜 이런 엉뚱한 제안을 하였을까요? 그 원인은 그들이 엘리야의 승천을 보지 못하였기 때문입니다. 선지자 생도들은 하나님께서 엘리야 선지자를 일시적으로 어디로 데리고 가신 줄로 알고 수색대를 보내자고 엘리사를 졸랐습니다. 이들의 특징은 무엇입니까?

열심이 넘칩니다.

이들은 산이든 골짜기든 샅샅이 다 뒤져서 찾아내겠다고 호언장담하였습니다. 자기들에게 오십 명이나 되는 용감한 수련생들이 있다고 내세웠습니다. 자신들의 실력을 보여 주겠다는 것이었습니다. 그들은 여호와에 대한 열심으로 가득 차 있었습니다. 이런 열심은 겉으로 보면 매우 가상해 보입니다. 그러나 하나님의 길을 모르고 복음을 순종하지 않는 열심은 자신의 능력과 열정으로 채워진 육적인 에너지에 불과합니다. 하나님의 일은 용감하다고 되는 것도 아니고 숫자가 많다고 되는 것도 아닙니다. 골짜기와 산들을 뛰어다닐 힘이 넘칠지라도 바르게 인도되지 않은 열심은 하나님의 일을 방해합니다. 내 열심으로 하나님을 섬길 것이 아니라 "여호와의 열심"(사 9:7; 37:32; 왕하 19:31)으로 주를 섬겨야 합니다.

자기 고집대로 합니다.

엘리사는 그들에게 가지 말라고 말렸습니다. 그래도 그들은 강청하며 고집을 부렸습니다. 엘리사는 하는 수 없이 허락했습니다. 그러나 이것은 그들의 강청을 좋게 보아서가 아니고 그런 옹고집은 낭패를 당해 보아야 버릴 수 있기 때문이었습니다. 그들은 엘리사의 종이라고 스스로 자칭하며 그 앞에 엎드려 절했었습니다. 그러면서도 그들은 스승이라고 모신 엘리사의 말은 순종하지 않았습니다.

그들은 엘리야 선지자의 성령이 엘리사 위에 머물며 역사한다고 인정했었습니다. 그럼에도 엘리사의 말을 듣지 않고 승천한 엘리야를 계속 찾겠다는 의도가 무엇입니까? 엘리야의 사역이 엘리사에게 넘어온 것을 인정하지 않는단 말일까요? 이제부터는 엘리야가 아닌 엘리사가 하나님께서 보내신 이스라엘의 선지자로서 부름을 받았다는 사실을 잊은 것이었을까요? 엘리야의 겉옷을 엘리사가 가진 것을 그들도 보지 않았습니까?

그들이 엘리야를 찾겠다는 것은 다분히 육적인 계산에서 나온 것이었습니다. 그들은 다른 선지자 학교와 어쩌면 경쟁의식이 있었을지 모릅니다. 엘리야와의 밀착된 관계는 그들에게 큰 권위를 부여해 줄 것이었습니다. 만약 그들이 사라진 엘리야 선지자를 어디서 찾게 된다면 그 공로와 자랑은 하늘을 찌를 것이었습니다. 거기에 엘리사까지 자기들이 모실 수 있기에 더는 바랄 것이 없는 완벽한 권위와 전통을 세우게 될 것이었습니다.

그들은 이스라엘에서 누구도 따를 수 없는 최고의 여리고 신학생들이 될 것이기에 그들의 장래는 보장되고도 남았습니다. 누군들 그런 대 신학교의 학위를 원치 않겠습니까? 이들은 엘리야를 포기할 수 없었습니다. 엘리사가 분명하게 성령께서 엘리야 선지자를 데리고 하늘로 가셨다고 말해도 전혀 곧이듣지 않았습니다. 그들은 자기들이 온 산과 골짜기를 뒤져서라도 반드시 엘리야 선지자를 찾아 모셔 와야 한다고 주장하였습니다.

그들은 엘리야가 승천하는 모습을 보지 못하였을 뿐만 아니라 엘리사의 말도 믿지 않았습니다. 그들은 또 엘리야의 겉옷이 엘리사의 손에 넘어왔다는 사실에도 별다른 의미를 부여하지 않은 듯합니다. 더구나 자기들 입으로 엘리야에게 역사했던 성령의 사역이 엘리사에게 옮겨왔다고 인정했으면서도 이것을 엘리야의 승천 이벤트와 연결하지 않았습니다. 그들은 혈기를 믿음이라 착각하며 자기 뜻대로 엘리야를 어디서 찾을 수 있을 듯이 고집하였습니다. 일단 자기 힘을 믿으면 진리보다 더 강해지려고 합니다. 이들은 사흘 동안 온 산을 두루 다니다가 허탕을 치고서야 포기하였습니다. 참 제자는 육에 속한 열정과 영에 속한 열정을 분별합니다. 하나님을 섬긴다고 하면서 자기 뜻을 이루기 위해 계획하고 달리는 길은 하나님 나라를 위해 아무것도 이루지 못합니다.

: 영적 스승에게서 배우는 것은 무엇입니까?

선지자 수련생들은 분명 엘리야를 크게 존경하였습니다. 그들은 엘리야의 승천을 받아들일 수 없었습니다. 그들에게 엘리야는 승천해서는 안 될 존재였습니다. 그들에게는 엘리야의 제자라는 배경이 중요하였습니다. 엘리야를 그들의 멘토로 내세우는 것은 그들의 신분 상승을 위해 필요한 일이었습니다. 그래서 그들은 어떻게 해서든지 엘리야를 찾아야 했습니다. 그러나 그들은 엘리야의 참 제자가 아니었습니다. 그들은 엘리야와 가까이 동행하지도 않았고 그로부터 아무런 테스트도 받지 않았습니다. 그들은 어려운 일은 엘리사가 도맡아서 하게 하고 자기들은 방관하고 있다가 나중에 나타나서 본인들의 유익을 위해 필요한 것들만 챙기려고 했습니다.

영적 스승의 이름만 빌리는 것은 참 제자의 자세가 아닙니다. 선지자 수련생들은 엘리야의 사상과 삶에는 관심이 없으면서 엘리야의 신분과 영향력만 이용하려고 하였습니다. 오늘날도 영적 멘토들을 가진 자들이 많습니다. 예를 들어 바울을 존경하는 자들이 적지 않습니다. 그래서 바울 신학을 전공한 신학자들도 많고 입만 열면 바울을 좋아한다고 말하기도 합니다. 그런데 바울의 신학적 깊이를 좋아하는 것과 바울의 삶을 닮는 것은 별개의 문제입니다. 신학은 믿음이 없어도 할 수 있습니다.

기도하지 않고도 박사 학위를 받을 수 있습니다. 성품의 변화가 없어도 좋은 신학 논문을 쓸 수 있습니다. 바울을 좋아한다고 말하면서 바울의 고난에 동참하지 않을 수 있습니다. 바울 신학으로 박사가 되어도 바울이 평생을 바친 선교 사역에 전혀 무관심할 수 있습니다. 우리는 존경하는 스승의 인격과 희생의 삶에는 입술로만 찬사를 보내고 자기들의 삶에서는 흉내도 내지 못하는 경우가 허다합니다.

세상에서 예수님을 존경하는 자들이 얼마나 많습니까? 그러나 예수님의 고난과 희생과 이타적인 사랑의 삶은 살려고 하지 않습니다. 예수님을 주님이라고 고백하는 신자들까지도 진리와 십자가의 길을 따라 신실하게 살지 않는 경우가 비일비재합니다.

우리에게 엘리야나 엘리사와 같은 영적 멘토들은 필요합니다. 그러나 우리의 관심이 고작해야 그들에 대한 정보를 갖는 것에 불과하거나 입술만의 찬사에 그친다면 무익할 따름입니다. 더구나 그릇된 동기로 열심히 스승을 위한다고 발 벗고 나서는 경우라면 결과적으로 에너지만 낭비하고 낙심합니다.

우리도 여리고의 선지자 수련생들과 같은 자세로 하나님을 섬길 수 있습니다. 교회는 하나님의 나라와 복음을 위한 것이라고 하면서 실제로는 목회자의 야심을 채우기 위해 교회당을 짓고 사람들을 동원할 수 있습니다. 개인적으로도 주님의 일에 동참한다고 하지만 동기와 목적이 주님의 사상과 방식에 역행하는 경우가 얼마든지 발생할 수 있습니다. 그렇다면 각자 자기를 돌아보고 반성하며 회개할 필요가 있습니다.

: 하나님이 세워주시는 권위

엘리사는 그들에게 "내가 가지 말라고 너희에게 이르지 아니하였느냐"(18절)고 힐책하였습니다. 선지자 수련생들의 행위는 부정적인 것이었습니다. 그러나 하나님께서는 이 사건을 이용하여 엘리사의 권위를 세워주는 계기로 삼으셨습니다. 하나님의 증인으로서 아무리 말해도 듣지 않는 자들에게는 자신의 권위나 결백을 억지로 세우려고 할 필요가 없습니다. 때가 되면 진실이 드러나고 영적 권위가 나타날 것이기 때문입니다. 엘리사는 여리고의 수련생들과 싸우지 않았습니다. 그들이 자신의 권위를 무시한다고 노여워하지 않았습니다. 그는 엘리야와의 특별한 관계를 자신의 경력에 대한 권위로 내세우거나 엘리야의 승천을 목격한 유일한 증인이라고 자랑하지 않았습니다. 그는 또한 여호수아와 엘리야의 영성을 따라 자신도 요단 강을 좌우로 갈라지게 한 사람이라고 호언장담하지 않았습니다. 그는 차라리 무시를 당하고 져주었습니다.

이것은 매우 중요한 일이었습니다. 엘리사가 엘리야의 겉옷을 쥐고 요단 강을 가르는 기적을 행한 후에 외부로부터 받은 첫 번째 시험이었기 때문입니다. 하나님의 사람들은 하나님으로부터 받는 시험에도 승리해야 하지만 사람들로부터 받는 여러 형태의 시험에도 이겨야 합니다. 엘리사는 이 새로운 시험에서도 이겼습니다. 강압적인 권위로 이긴 것이 아니고 양보와 인내와 겸손의 미덕으로 이겼습니다. 오십 명의 용감한 사람들은 내 주변에 항상 있습니다. 그들은 자신들의 힘과 작전을 손에 쥐고 나를 밀어붙입니다.

그러나 하나님의 참된 종은 사람들이 인정하지 않을 때도 위의 것을 바라보며 삽니다. 하늘의 실체를 본 자들은 땅의 일들로 인해 쉽게 상처를 받지 않습니다. 하나님께서 인정하시는 권위라면 사람들의 눈에 보이지 않아도 전혀 해를 입는 것이 아니기 때문입니다. 내가 받은 진리는 외부의 평가나 인정에 따라 그 진위가 좌우되지 않습니다. 하나님께서 보여 주신 불병거와 불말과 회오리바람은 하나님 나라의 실체들로서 손상 없이 남아 있습니다. 그리고 때가 되면 하나님의 택하심을 입은 자들은 주의 자비하심 속에서 능력을 드러내기 시작합니다. 하나님께서는 마침내 엘리사의 영적 권위를 오랜 사역 기간에 반복하여 입증해 주셨습니다. 이제는 아무도 감히 하나님의 사람으로서의 엘리사의 영적 권위를 무시하거나 도전할 자가 없었습니다.

여러분은 하나님의 일을 하면서 사람들의 인정을 받지 못한다고 섭섭해하지는 않습니까? 그렇다면 이렇게 자신에게 물어보십시오. 나에게 나의 엘리야로부터 받은 영적 훈련이 있는가? 나에게 엘리야의 승천을 목격한 영적 차원의 체험이 있는가? 만약 엘리야의 겉옷이 내 위에 떨어진 하늘의 소명이 있다면 염려할 것이 없습니다. 하나님께서는 참된 자녀들을 엘리야 시대의 칠천 명처럼 위기가 올 때 숨기기도 하십니다. 그리고 때가 오면 사람들의 눈을 의식하지 않고 담대하게 나서서 "오는 세상"의 역군이 되게 하시고 하나님 나라의 발전을 위해 가치 있는 이바지를 하게 하십시오. 하나님이 숨기신 칠천 명은 영원히 숨겨지지 않았습니다. 그들은 나타나기 위해서 숨겨진 사람들입니다. 자신의 능력으로 지금 세상에 드러나서 명성을 날리기보다는 하나님이 정하신 때에 하나님의 능력을 입고 드러나는 것이 훨씬 더 좋습니다. 하나님이 준비하신 엘리사와 함께 하나님의 새 나라를 위해 영적 갱신의 일꾼으로 쓰임을 받을 수 있기 때문입니다.

거짓 사역자와 거짓된 가르침이 그리스도의 구원을 다른 복음으로 변질시키는 때에 하나님의 사람들이 나타나서 주님의 교회를 새롭게 하도록 기도하며 우리 자신이 그런 숨겨진 자리에서 부름을 받고 하나님 나라를 위해 쓰임을 받는 자들이 되도록 하나님의 은혜를 구하십시오.

Elisha 엘리사

"그 성읍 사람들이 엘리사에게 말하되 우리 주인께서 보시는 바와 같이 이 성읍의 위치는 좋으나 물이 나쁘므로 토산이 익지 못하고 떨어지나이다 엘리사가 이르되 새 그릇에 소금을 담아 내게로 가져오라 하며 곧 가져온지라 엘리사가 물 근원으로 나아가서 소금을 그 가운데에 던지며 이르되 여호와의 말씀이 내가 이 물을 고쳤으니 이로부터 다시는 죽음이나 열매 맺지 못함이 없을지어다 하셨느니라 하니 그 물이 엘리사가 한 말과 같이 고쳐져서 오늘에 이르렀더라"(왕하 2:19-22).

몇 절 되지 않는 간략한 기사지만 엘리사의 첫 번째 기적이라는 점에서 잘 살펴볼 필요가 있습니다. 만약 벧엘에서 아이들을 저주하여 42명이 곰들에게 찢겨 죽은 사건이 먼저 나왔더라면(왕하 2:23-25) 엘리야가 갈멜 산에서 바알 선지자들을 칼로 죽인 사건과 비교되었을 것입니다. 엘리사는 엘리야 선지자와는 달리 하늘에서 불이 내리는 심판 사역보다 치유 사역으로 두각을 드러내었습니다. 그는 여리고의 수질이 나쁜 물을 정화해 공동체가 안전하게 물을 마시고 수확하게 함으로써 "다시는 죽음이나 열매 맺지 못함이 없"게 하였습니다(21절). 이로써 엘리사의 사역은 실생활의 필요를 해결하는 문제에서 하나님의 친절과 능력을 실제적으로 입증하였습니다.

본 사건을 기점으로 엘리사의 많은 은혜로운 기적의 사역들이 연속되었습니다. 그의 치유 기적은 그의 사역의 성격을 요약합니다. 이것은 그리스도의 복음이 갖는 치유 사역에 대한 본보기라고 할 수 있습니다. 엘리야 선지자처럼 엘리사도 구두 메시지보다는 행동을 통해 메시지를 전달하였습니다. 특히 그의 기적들에 대한 진술 속에서 우리는 많은 교훈을 발견할 수 있습니다.

: 여리고의 문제는 무엇입니까?

"이 성읍의 위치는 좋으나 물이 나쁘므로 토산이 익지 못하고 떨어지나이다"(19절).

여리고는 자연적인 위치나 조건으로 보면 이상적이었습니다. 땅은 비옥하였으며 공기도 맑고 여러 종류의 방향목들의 향기로 채워졌습니다. 그래서 오랜 옛적부터 여리고는 인기가 있는 곳이어서 건축이 발달하였고 경제 활동이 활발하였습니다. 그러나 문제가 있었습니다. 여리고 성읍의 생명선인 물이 알지 못할 이유로 오염이 되었습니다. 물이 생명과 신선함을 주기보다는 흐르는 곳마다 질병과 죽음을 마시게 하였습니다. 오염된 물을 마신 사람과 동물에게 유산(流産)이 많았고 죽는 사람들도 많아 인구가 줄어들기 시작하였습니다. 아름답게 건축된 여리고는 그대로 가면 버려야 할 위기에 놓였습니다. 아무도 이를 고칠 수 없었습니다. 그들은 속수무책이었습니다. 독의 근원도 알 수 없고 해결 방안도 없었습니다(19절). 경건한 사람들은 여호수아가 여리고를 파괴했을 때 재건을 못 하도록 저주한 것을 기억하고 하나님의 저주가 크게 임했다고 염려했을 것입니다

: 인간 문화란 무엇입니까?

인간 문화는 간단하게 말하면 편리와 이윤의 추구이며 생활수준을 향상하기 위한 활동입니다. 문명은 매우 좋은 것들을 일

귀냅니다. 상업과 지식의 확대, 법과 질서, 자유와 예술, 스포츠와 레저(leisure) 산업, 기타 사회생활을 위한 여러 시스템의 발전을 제공합니다. 여리고 성처럼 위치는 편리하고 좋습니다. 그러나 인간 문명은 위험합니다. 문화적 발전을 이루는 과정에서 환경 파괴, 자연 고갈, 공해 조장, 노동 착취, 이윤 증대를 위한 불의한 경쟁, 세력 다툼, 물욕의 증가, 부도덕 등의 병폐가 거의 필연적으로 따릅니다. 경제 활동의 발달로 창출되는 부의 확장은 부패를 심고 탐닉을 살포하며 향락과 사치를 일으키고 부도덕을 확산시킵니다. 눈부신 외적 발전 속에 부패와 타락이 넘치는 것은 역사가 증명합니다. 그리스와 로마의 역사를 보십시오. 1차, 2차 대전을 비롯한 대규모 전쟁을 비롯하여 현재까지 계속되는 국가들의 분쟁과 테러 집단은 고도로 발달한 문화의 유산이라고 할 수 있는 살상 무기들을 사용합니다.

인간 문화는 마음이 부패한 인간들에 의해서 이루어지기 때문에 죄의 문제와 무관하게 발전될 수 없습니다. 마약밀매 조직, 뇌물 문화, 세계적인 포르노 산업, 납치, 학살, 극심한 빈부의 차이 등등 헤아릴 수 없는 불행이 날마다 일어납니다. 여리고처럼 위치는 좋으나 물이 나쁘므로 토산이 익지 못하고 떨어집니다. 죄의 세력이 꺾이지 않는 한, 인간 문화는 항상 고통스러운 문제들을 안고 진행될 수밖에 없습니다. 해결책은 어디에 있을까요? 한마디로 인간에게는 없습니다. 이런 의미에서 여리고 사람들이 엘리사 선지자에게 눈을 돌린 것은 중요한 전환점이었습니다.

첫째, 여리고 주민들이 엘리사를 찾은 것은 인간의 능력에 한계를 느끼고 오직 하나님만이 그들의 문제를 해결할 수 있다고 믿은 증거입니다. 엘리사는 수질 전문가가 아니었습니다. 그러나 그는 하나님의 사람이었습니다. 여리고 주민들은 오염된 물을 정화하기 위해서 자기들이 가진 모든 지식과 자원을 동원했을 것입니다. 그러나 조금도 효과가 없자 손을 들고 엘리사를 찾아 왔습니다. 엘리사 개인을 믿었다기보다는 그의 뒤에 계신 하나님의 능력을 믿었습니다.

세상의 문제 해결은 궁극적으로 전문가들의 손에 달린 것이 아닙니다. 정치 전문가, 경제 전문가, 사회 전문가, 교육 전문가, 군사 전문가, 심리 전문가, 의학, 공학, 예술, 스포츠 등등의 전문가들이 인간의 근본적인 부패 문제를 해결할 수 없습니다. 여리고의 물처럼 각 방면의 전문가들을 포함하여 각 사람의 영혼의 샘물이 오염됐기 때문에 인간의 근본적인 문제는 궁극적으로 하나님만이 고칠 수 있습니다. 여리고 주민들이 엘리사를 찾아간 것은 이 점에서 해결의 방향을 바로잡은 것이었습니다. 인간의 부패한 역사는 항상 하나님이 아닌 다른 어떤 것에서 해결책을 찾으려고 애써 왔습니다. 그러나 아무도 죄에 물든 인간의 마음을 고치지 못합니다. 마음이 썩어 있는 한, 인간 사회는 언제나 썩어 있습니다.

둘째, 여리고 주민들이 엘리사를 찾아 온 것은 그들이 더는 바알 신을 신뢰하지 않는다는 증거입니다. 바알 신은 농경신이었습니다. 가나안 백성들은 바알 신이 비를 내리게 하여 농사가 잘되게 한다고 믿었습니다. 이스라엘 백성들도 바알 신에게 흠뻑 빠졌습니다.

엘리사보다 앞서간 엘리야 선지자의 개혁은 이러한 바알 종교의 속임수로부터 이스라엘 백성을 여호와 하나님께로 돌이키게 하려는 것이었습니다. 엘리야의 사역은 이스라엘 국가 전체를 당대에 여호와께로 돌아오게 하는 일에는 역부족이었지만 적어도 여리고 시민들의 경우에는 열매를 맺은 셈이었습니다.

거짓 신을 따를 때는 하나님의 사람이 보이지 않습니다. 바알 신이 하는 일 중의 하나는 영적 눈을 멀게 하는 것입니다. 하나님의 사람들이 인정을 받지 못하고 드러날 수 없는 까닭의 하나는 백성의 눈이 바알 신이 약속하는 물욕의 충족과 육욕의 만족에 쏠려 있기 때문입니다. 여리고 주민들이 엘리사에게 대표들을 보내서 자기들이 직면한 가장 급박한 생존 문제를 풀어 놓고 도움을 청하게 한 것은 그들의 영적 눈이 뜨였다는 증거입니다.

한 세대 전에만 해도 엘리야와 같은 선지자들이 박해로 피신을 다녀야 했고 많은 하나님의 사람들이 숨어서 살았습니다. 그러나 이제는 여호와의 선지자가 인정을 받고 백성들은 공적인 문제까지 가지고 와서 조언을 청하였습니다.

요즘 우리나라 교회에는 북미의 일부 영성 운동이 수입되어 유행입니다. 그럼 영성의 능력이란 어떤 것입니까? 자신의 심리 현상을 잘 파악하고 흔들리지 않도록 중심을 잡는 것입니까? 개인의 경건 생활을 위해서 고안된 자기 계발이나 묵상 테크닉입니까? 아니면 종교적 낭만주의의 한 새로운 방법론입니까? 영성의 능력은 자신의 내면세계에서 나오는 것이 아니고 하나님에게서 나오는 것이어야 합니다. 신적인 능력이 없는 영성은 심리적 안정이나 정신적 만족을 위한 인간적인 시도에 지나지 않습니다. 참된 영성은 인간의 절박한 죄의 문제에 열쇠를 제공합니다. 엘리사의 영성은 여리고 주민들이 자기들의 긴급한 문제를 해결할 수 있는 공급처로 확신하고 달려오게 하였습니다. 참된 영성은 죽어가는 자들에게 빛과 생명의 통로가 되는 자원과 능력을 소유하고 있습니다.

우리 뒤에 하나님의 능력과 임재가 있다는 것을 다른 사람들이 알 수 있을 정도로 영성이 비칠 때 비로소 이웃과 사회를 위한 소금과 빛의 역할을 할 수 있습니다. 여리고 시민들은 엘리사의 그러한 영성을 인정하였기에 그를 신뢰하고 찾아 왔습니다.

: 여리고의 상황은 지금도
  세상의 필요를 대변합니다.

여리고 성읍은 겉으로 보면 풍성하고 안정된 곳이었습니다. 그러나 실상은 죽음의 물줄기가 사방으로 흐르는 곳이었습니다. 외면은 반드시 내면의 실체를 반영하지 않습니다. 오히려 외면은 내면의 부패를 가리는 가면일 수 있습니다.

세상을 보십시오. 자연의 아름다움과 장엄함이 우리 시야에 가득하지 않습니까? 하늘에 수놓은 빛나는 뭇 별들과 창공에 지고 뜨는 해와 달, 땅 위에 사는 각종 생물의 지혜와 바닷속의 신비를 누가 감탄하지 않을 수 있겠습니까?

세상에는 인간의 안락과 즐거움을 위해 만들어진 것들로 가득합니다. 추위와 더위를 잊고 살 수 있는 전천후 주택, 무서운 질병들을 치유할 수 있는 의학의 혜택, 편리한 교통 시설, 커뮤니케이션을 위한 각종 전자 제품, 각가지 예술 상품, 멋진 휴양지, 그 외에 돈으로 살 수 있는 좋은 것들이 날마다 쏟아져 나옵니다.

세상에는 부러운 사람들도 많습니다. 훌륭한 인격을 가진 자, 놀라운 지성과 매력 있는 개성의 소유자, 빼어난 미남 미녀들, 비범한 재주와 능력을 갖춘 자들이 가는 곳마다 등장하며 뭇 사람의 시선을 끌고 날마다 화제에 오르내립니다. 세상의 발전은 날로 가속화되며 인간의 가능성을 거의 무한대로 팽창시키고 있습니다.

그러나 이런 외적 경이와 매력 뒤에는 무서운 도덕적 악행과 부패가 전 세계적으로 쉬지 않고 자행되고 있습니다. 인간은 우주선을 타고 지구를 벗어났다가 되돌아오는 첨단 우주 과학을 자랑합니다. 그러나 인간의 영혼은 오염되었고 지구 자체도 인간의 죄로 인한 부식으로 신음하고 있습니다(롬 8:22). 지구는 낙원의 노래를 잊은 지 오래되었습니다. 지구는 긴 장송곡의 곡조에 맞추어 묘지를 향해 날마다 행진합니다. 모든 인간의 뒤에는 보이지 않는 관이 그림자처럼 따라다닙니다. 우리는 이 세상에서 죄로 오염된 문명의 폐수를 마시고 살다가 결국은 땅속으로 사라집니다.

여리고는 위치가 좋았지만, 물이 나쁘므로 토산이 익지 못하고 떨어졌습니다. 여리고의 운명은 우리의 운명입니다. 여리고의 문제는 이 세상의 문제입니다. 여리고의 상태는 우리가 처한 교회이기도 합니다.

: 참 종교의 능력이 없는 곳에서는
물의 오염과 수확의 실패가 따릅니다.

생명이 없는 종교가 있는 곳에는 물이 썩어서 열매 없는 여리고의 특징이 드러납니다. 교회는 존재하지만, 영적 능력은 없습니다. 외적으로는 모든 것을 잘 갖추었지만, 생명과 진리가 보이지 않습니다. 현대 기독교의 특징은 "위치는 좋으나" 영성은 좋지 않습니다. 겉보기에는 갖춘 것이 많지만, 있어야 하는 말씀의 능력과 영성의 빛은 희미합니다.

일반적으로 말해서, 강단의 설교는 구원의 진리를 선명하게 드러내지 않고 십자가의 복음으로 죄인의 양심을 일깨우지 않습니다. 예배는 주 예수를 경배하기보다는 교회당을 경배하고, 종교적 분위기의 흥을 돋우는 프로그램과 성공주의와 돈을 경배합니다. 우리나라 교회는 "위치가 좋은" 마당에서 울타리를 치고 자기들끼리 먹고 떠들며 자기 집만 치장하는 이기적인 집단으로 발전하다가 마침내 사회로부터 등 돌림을 당하고 말았습니다.

교회에서 썩은 물이 흐를 때 어떤 결과가 나옵니까? 회개의 기적이 일어나지 않습니다. 거룩한 삶을 일궈내지 못합니다. 부패가 잠들지 않습니다. 영혼이 살아나는 갱신이 없습니다. 하나님의 위대하심과 구원에 대한 이해가 천박합니다. 하나님의 임재와 거룩하신 성품이 체험으로 다가오지 않습니다. 심리적인 분석과 일시적인 심장 마사지 정도의 치유가 복음의 은혜인 양 성행합니다. 그런 것이 십자가와 부활 능력인 듯이 선전되고 피부 두께만큼도 들어가지 못하는 치유력으로 환자의 영혼을 고쳐 준다고 선전합니다. 이것은 복음의 치유가 아닙니다.

그럼 복음의 치유는 어떤 것입니까? 유혹과 비방과 속임수와 고통과 영적 분별에 연약한 자를 강하게 만들어 주는 것이 복음의 치유입니다. 복음의 사상으로 무장시키고 성령의 능력으로 악을 이기게 하는 것이 복음의 치유입니다. 주 예수의 임재를 체험하게 하고 세상을 극복하는 강한 성도로 만드는 것이 복음적인 내적 치유입니다.

우리나라 교인들의 특징의 하나는 너무도 쉽게 상처를 받고 자신의 연약을 한탄하는 것을 일종의 영성으로 착각하는 것입니다. 그런데 성숙은 더디기만 합니다. 십자가는 높이 달려 있어도 부활의 승리는 좀체 보이지 않습니다. 교회의 위치는 좋을지 몰라도 땅은 열매를 내지 못합니다.

로마 황제들은 크리스천들을 무자비하게 박해하였습니다. 그러나 그들은 어느 날 박해를 그치고 그들에게 도움을 청하게 되었습니다. 물론 정치적인 이해관계를 배제할 수는 없지만, 적어도 그들은 크리스천들이 나라를 운영하는 데 꼭 필요한 지혜와 정신이 있음을 인정하였습니다. 당시의 한 문헌에 나오는 크리스천의 모습은 현대 교인들과 대조적입니다.

"그들은 어렸을 때부터 정결하다…. 그들은 시련을 받을 때 견디고 수고할 때 인내한다. 그들은 모욕을 당할 때 참고, 강도를 당해도 낙심하지 않는다. 그들은 사귀기가 쉽고 죽음 자체도 가볍게 여겨 그리스도의 순교자가 된다."

말씀의 능력이 없으면 인간의 지혜와 말로써 치유를 시도할 수밖에 없습니다. 현대 교회의 강단 메시지가 세속적 심리 요법과 성공 신학의 옷을 입고 축제를 연 것은 벌써 오래된 일입니다. 그러나 복음 사상을 따르지 않는 것들은 언제나 실패합니다. 여리고는 위치는 좋았으나 폐수가 흐르는 곳이었습니다. 겉으로는 좋은 장소에 위치했을지라도 썩은 물이 항상 흘러 열매가 없었습니다.

교회에는 많은 돈을 드린 십자가는 높이 걸려 있어도 고난의 십자가는 성도들의 삶 속에서 잘 보이지 않습니다. 여리고의 위치는 좋았습니다. 그러나 위치는 중요하지 않습니다. 위치는 생명이 아닙니다. 겉모양은 가면으로 위장될 수 있습니다. 중요한 것은 생수가 흐르는 것입니다. 생수의 강물이 흐르는 성령의 임재와 진리의 말씀이 들리는 곳이라야 열매를 맺습니다. 여리고는 보기는 좋아도 질병과 죽음을 수확하는 곳이었습니다. 그럼 폐수가 흐르는 땅에서 어떻게 생명수가 흐를 수 있을까요?

: 여리고의 치유책은 무엇입니까?

첫째, 엘리사는 소금이 상징하는 것으로 비범한 기적을 행하였습니다.

엄청난 수원에 비하면 소금 한 그릇이 무슨 효험이 있겠습니까? 소금이 물의 근원에 영향을 미칠 리가 없습니다. 소금은 상징에 불과한 것이었습니다. 소금은 복음에 해당합니다. 정화제는 하나님의 말씀입니다.

"새 그릇"은 깨끗한 용기입니다. 하나님의 말씀을 담는 그릇은 신령한 목적을 위해 사용되어야 하기에 더러우면 안 됩니다. 그런데 이 그릇은 토기에 불과합니다. 그러나 그리스도의 십자가 피로 정결하게 되면 주님의 복음을 담는 신령한 용기로 쓰임을 받습니다.

복음의 소금은 죄의 부패를 막고 새 삶의 맛을 냅니다. 복음은 소금처럼 단순합니다. 십자가의 구원 메시지는 복잡하지 않습니다. 복음은 주 예수의 십자가와 부활을 전합니다. 회개하고 복음을 믿으면 모든 죄의 용서를 받고 하나님의 자녀가 됩니다. 하나님의 조건 없는 사랑의 십자가를 받아들이면 새 삶의 열매를 거두기 시작합니다. 죄와 부패로 썩고 죽어가는 불치의 영혼은 소금이 상징하는 복음에 의해 새롭게 살아납니다.

복음은 단순하고 쉬워서 세상의 비웃음을 당합니다. 소금 정도에 불과한 복음이 어떻게 세상의 죄와 부패를 치유하고 열매를 맺게 할 수 있단 말입니까? 그러나 하나님의 어리석음이 인간의 지혜보다 낫습니다(고전 1:25). 마실 수 없던 여리고의 오염된 물이 한 줌의 소금으로 정화되었듯이, 복음은 죄로 오염된 독물을 생명수로 바꿉니다.

둘째, 엘리사는 문제의 근원지로 갔습니다(2절).

엘리사는 직접 물 근원으로 가서 소금을 뿌렸습니다. 하나님의 방법도 이와 같습니다. 악의 근원에서 치유가 먼저 시작되어야 합니다. 죄인의 마음부터 갱신되어야 합니다. 마음이 부패의 근원이기 때문입니다. 주님은 마음에서 나오는 것이 사람을 더럽힌다고 하셨습니다(막 7:20). 마음이 정화되지 않는 한, 거룩한 삶의 열매가 달릴 수 없습니다. 외적인 개혁이 있어도 승리의 삶은 보장되지 않습니다. 죄가 마음에서부터 제거되지 않으면 죄의 의지가 삶의 방향타를 쥐고 통제합니다. 오염된 시냇물을 필터로 정화하는 것은 근본적인 치유가 아닙니다. 그것은 임시방편의 땜질에 불과합니다.

하나님께서 교회를 갱신시킬 때에는 강력한 치유의 소금을 뿌리십니다. 그 결과는 어떤 것일까요? 다음과 같은 즉각적인 효과가 나타나기 시작합니다.

* 잠자던 영혼이 깨어나고 영적 자세에 변화가 옵니다.

* 새로운 영적 욕구와 열망이 마음을 채웁니다.

* 하나님을 새롭게 섬기려는 동기가 삶을 지배합니다.

* 죄에서 돌이켜 거룩한 삶을 향해 몸을 돌립니다.

* 영적 눈이 밝아져서 복음의 빛을 즐거워하며 주님을 사모
  합니다.

* 강단 사역에 힘이 솟고 영적 권위가 회복됩니다.

셋째, 엘리사는 모든 영광을 하나님께 돌렸습니다.

"여호와의 말씀이 내가 이 물을 고쳤으니 이로부터 다시
는 죽음이나 열매 맺지 못함이 없을지니라"(2:21).

엘리사는 독물을 정화한 후에 자신의 능력을 내세우지 않았
습니다. 그는 자신이 단지 주님의 치유력을 전달하는 통로라고
겸손히 밝혔습니다. 이것이 소금 그릇을 잡은 자의 당연한 자세
라야 합니다. 내 손에 잡힌 소금 그릇은 그 자체로서는 무력합니
다. 그러나 소금 그릇이 상징하는 복음의 능력은 강력합니다. 물
을 고친 것은 엘리사 자신이 아니고 '여호와' 자신이었습니다. 하
나님께서는 "내가 이 물을 고쳤다"고 선포하셨습니다. 하나님의
능력으로 독물이 생수가 된 것입니다. 그런데 마치 소금을 뿌린

자의 손에 능력이 있었던 것처럼 자기를 드러내면, 하나님께 돌아가야 할 영광을 가로채는 중한 죄를 짓는 것입니다.

하나님의 신령한 사역을 하면서 중죄를 범하는 것은 그리 어려운 일이 아닙니다. 우리는 대체로 세상을 섬기면서 죄를 짓는다기보다는 하나님을 섬기면서 죄를 짓습니다. 특히 복음 사역자들은 자신을 숨기고 주인에게 영광을 돌리는 겸비한 자세를 항상 지녀야 합니다. 아무리 일을 잘하고 능력 있는 사역을 했어도 무익한 종에 불과합니다. 우리 자신의 많은 허물과 숱한 죄들을 생각해 보십시오. 그런데도 우리가 이모저모로 은혜의 통로가 되는 것은 하나님의 자비의 덕분일 뿐입니다. 그러므로 더욱 감사하고 충성스러운 종이 되어 자기를 낮추면서 주를 섬겨야 합니다.

넷째, 엘리사의 처방은 복음의 효과를 예시합니다.

소금은 자기의 할 일을 성공적으로 마쳤습니다. 이제는 여리고 주민에게 물로 인한 죽음과 흉작의 재앙이 닥치지 않았습니다. 여리고는 다시 생명수를 마시며 번창하였습니다. 비로소 여리고의 좋은 위치가 땅의 풍성한 수확과 매치가 되었습니다. 여호수아를 통한 여리고 재건에 대한 저주의 선포(수 6:26)는 또 다른 여호수아에 의해 제거되었습니다. 사실상 여호수아와 엘리사는 같은 의미의 이름입니다. 여호수아는 '여호와가 구원이시다'는 뜻이고, 엘리사는 '하나님이 구원이시다'는 뜻입니다. 그러니까 첫 번째 여호수아는 여리고 성에 저주를 선포하였고, 두 번째 여호수아(엘리사)는 저주를 거두었습니다. 그리고 우리의 영원한 마지막 여호수아이신 예수님이 여리고의 독물이 생수로 바뀌었듯이, 인간의 쓴 마음과 죄의 독을 십자가의 복음으로 치유하고 생수의 강물이 흐르게 하셨습니다(요 7:38).

인간에게 내린 죄로 인한 재앙은 아무도 고치지 못합니다. 인간 문화는 죄의 부패 속에서 날마다 죽음을 손짓합니다. 하나님을 등진 세상은 날마다 독물을 마시면서 죽어갑니다. 이 세상은 복음의 생명수를 마시지 못하면 "위치는 좋으나 물이 나쁘므로 토산이 익지 못하고 떨어지는" 운명을 피할 수 없습니다. 그러나 사랑과 자비의 하나님은 인류의 재앙을 십자가의 아들 위에 쏟으셨습니다.

"그리스도께서 우리를 위하여 저주를 받은 바 되사 율법의 저주에서 우리를 속량하셨으니 기록된 바 나무에 달린 자마다 저주 아래 있는 자라 하였음이라"(갈 3:13).

하나님께서는 예수 그리스도의 십자가 사랑과 대속의 희생을 믿는 자들에게 "저주를 돌이켜 복이 되게 하셨습니다."(느 13:2)

6장

하나님은 장난으로
놀리는 아이들도 죽이실까요?

열왕기하 2:23~25

 엘리사

"엘리사가 뒤로 돌이켜 그들을 보고 여호와의 이름으로
저주하매 곧 수풀에서 암콤 둘이 나와서 아이들 중의 사
십이 명을 찢었더라"(2:24).

성경에는 가끔 현대 사회의 기준에서 보면 우리를 곤혹스럽
게 하는 스토리가 나옵니다. 예를 들어 가나안 정복 때에 어린
아이들까지 몰살시킨 일이라든지 혹은 동성 연애자들을 돌로
쳐서 죽이는 형벌 등입니다. 이런 사례들은 당시의 배경과 문맥
에서 보면 훨씬 더 나은 이해를 할 수 있습니다. 그러나 표면상

으로 보면 본문의 경우처럼, 하나님의 성품에 대해 회의가 생길 수 있습니다. 엘리야가 맹렬한 불의 선지자라면 엘리사는 은혜로운 단비의 선지자라고 할 수 있습니다. 그런데 본 사건은 엘리사의 이미지를 바꾸어 놓는 뜻밖의 스토리입니다. 더구나 그의 초기 사역에서 발생한 사건이기에 더욱 주목하게 됩니다.

엘리사는 여리고에서의 성공적인 사역을 마치고 벧엘로 향하였습니다. 그가 여리고에서 오염된 물을 정화한 사건은 벧엘에 이미 소문이 났을 것입니다. 성읍 전체의 생존과 경제가 살아나는 이 기적은 엘리사의 사역에 매우 긍정적인 점수를 주게 했을 것입니다. 그래서 벧엘 주민들에게도 엘리사의 내방(來訪)은 좋은 소식이었을 것입니다. 그러나 놀랍게도 그들은 양손으로 엘리사를 환영한 것이 아니고 거친 영접을 하였습니다.

"그가 길에서 올라갈 때에 작은 아이들이 성읍에서 나와 그를 조롱하여 이르되 대머리여 올라가라 대머리여 올라가라 하는지라"(23절).

엘리사는 이들에게 여호와의 이름으로 저주를 하였습니다. 그때 즉시 두 마리의 곰이 숲에서 나와서 그들을 다 찢어 죽였습니다. 이 끔찍한 사건은 엘리사가 사랑과 은혜의 선지자가 아니고 저주와 죽음의 선지자라는 무서운 인상을 심어 줍니다. 우리는 이렇게 불평할 수 있을 것입니다.

『엘리사 선지자는 너무 심하지 않았는가? 아무리 조롱과 모욕을 받았기로서니 그렇게 어린아이들을 무자비하게 죽게 할 수 있는가? 만약 본문의 문자대로 '작은 아이들'을 엘리사가 저주하고 야수가 나와서 물어 죽게 했다면, 그런 선지자와 그의 하나님을 혐오하게 되지 않겠는가?』

: '작은 아이들'은 누구일까요?

'아이들'은 '청소년'(youths=NIV)으로 번역될 수도 있습니다. 이 단어는 아브라함이 모리아 산으로 데리고 갔던 이삭을 비롯하여 17세가 되었던 요셉과 20세를 넘었던 솔로몬과 선지자의 부름을 받았을 때의 예레미야를 가리킬 때도 사용되었습니다. 그러나 여기서 정확하게 아이들의 나이가 몇 살이었는지는 중요하지 않습니다. 엘리사의 저주가 철없는 아이들에 대한 과잉 반응이 아니었다는 점을 부각하려는 해석이 있습니다. 즉, 본문의 '어린아이들'은 적어도 자신들의 행위에 대해 책임을 질 수 있는 나이에 이른 청년들이었다고 보는 것입니다. 이것은 불필요한 해명입니다. 이들은 꽤 큰 아이들일 수도 있고 혹은 청소년들일 수도 있습니다.

아무튼, 아무것도 모르는 천진난만한 아이들에게 엘리사가 저주를 한 것이 아닌 것은 분명합니다. 엘리사가 그런 사람이었다고 보면 그야말로 하나님에 대한 모독입니다. 하나님께서 철 없는 아이들을 죽이기 위해서 곰을 보내셨다는 말이 되기 때문입니다. 본 사건은 훨씬 더 큰 문맥에서 이해해야 합니다.

첫째, 아이들의 놀림은 의도적이었습니다.

아이들의 놀림은 여럿이 모였을 때 한두 아이가 시작한 짓궂은 짓을 너도나도 따라서 한 행위가 아닙니다. 이것은 의도적으로 엘리사를 기다리고 있다가 그에 대한 적대감을 드러낸 것이었습니다. 왜 아이들이 엘리사에게 의도적인 적대감을 노골적으로 드러내었을까요? 이 문제는 벧엘의 상황을 고려해 보아야 합니다.

벧엘은 이스라엘의 역사에서 예루살렘을 제외하고 가장 많이 언급된 성읍의 하나입니다. 야곱이 벧엘에서 하나님을 만난 사건 이후로 '하나님의 집'으로 알려졌습니다(창 28:19). 그러나 벧엘은 솔로몬 이후에 북부 이스라엘의 우상 종교의 중심지가 되어 여호와 종교와 그 선지자들을 대적해왔습니다. 벧엘은 이제 '하나님의 집'이 아니고 '우상의 집'이 되었습니다. 벧엘의 우상 숭배자들은 엘리사가 엘리야의 사역을 이어받아 여리고에서 기적을 행하고 주민들의 인기와 지원을 받고 벧엘로 오자 위협을 느꼈습니다. 그들은 자신들의 권익 보호를 위해 엘리사의 방문을 환영할 수 없었을 것입니다.

그들은 엘리사가 벧엘로 들어와서 영향을 끼치기 전에 타운이 가까운 입구에서부터 불량배 아이들(혹은 청소년들)을 시켜 모욕하게 하였습니다. 수십 명의 아이가 따라오면서 길을 막고 조롱을 하는 것은 모멸감을 줄 뿐만 아니라 언제라도 폭행을 당할 수 있는 상황이었습니다.

둘째, 아이들의 놀림은 영적 싸움의 증거였습니다.

아이들은 엘리사를 보고 '대머리여 올라가라'고 조롱하였는데 이것은 단순히 엘리사의 외모에 대한 모욕 이상의 행위였습니다. 벧엘의 우상 숭배자들은 엘리야가 하늘로 올라갔다는 소문을 분명 들었을 것입니다. 그러나 그들이 엘리야의 승천을 믿었을 리가 없습니다. 그들은 오히려 엘리사를 도전하여 엘리야처럼 불병거를 타고 하늘로 올라가 보라고 비아냥거렸을 것입니다. 엘리사에 대한 도전은 그의 하나님에 대한 도전이었습니다. 벧엘에는 사탄의 보좌가 있었습니다. 그러므로 엘리야의 소명을 이어받은 엘리사가 여호와의 이름으로 하나님의 권위를 옹호하고 여호와의 참 선지자를 모독하는 것이 얼마나 심각한 죄인지를 보여 주어야 했습니다.

엘리사의 저주는 개인적인 악감이나 보복의 차원이 아니었습니다. 만일 엘리사가 단순한 장난기의 조롱에 대한 감정적인 반응으로 저주했다면 결코 곰들이 나타나지 않았을 것입니다. 곰들은 엘리사가 보낸 것이 아니고 하나님이 보내셨습니다. 그렇다면 엘리사에 대한 조롱은 하나님께서 자신의 명예와 이름에 대한 무엄한 도전으로 보셨음이 분명합니다. 그래서 하나님은 자신뿐만 아니라 자신이 친히 선지자로 세우시고 능력을 입혀 준 엘리사의 권위도 강력하게 드러내는 심판을 집행하셔야 했습니다.

"이르시기를 나의 기름 부은 자를 손대지 말며 나의 선지자들을 해하지 말라 하셨도다"(시 105:15).

: 어둠의 세력은 항상 빛의 세력을 공격합니다.

에덴동산에서 뱀의 모습을 한 사탄이 인류의 조상을 유혹하여 넘어뜨린 이후로 사탄과 여자의 후손 사이에는 끊임없는 싸움이 계속되고 있습니다. 사탄은 인류를 계속해서 유혹하며 빛의 자손인 아브라함의 후손을 자기에게 속한 불신 세력들을 통해 공격합니다. 벧엘에서의 사건도 이러한 빛과 어둠 사이의 쟁투를 예시합니다. 기나긴 구속의 역사에서 하나님의 선지자들은 어둠의 세력으로부터 많은 박해를 받아왔습니다. 그들의 주님이신 예수님이 세상에 오셨을 때 어떤 일이 일어났는지를 상기해 보십시오. 사탄은 예수님을 시험하였고 악한 세력이 사탄의 조종을 받으며 예수님을 조롱하고 멸시하였습니다. 예수님은 고향인 나사렛에서 배척을 당하셨는데 주민들이 예수님의 메시지를 듣고 격분하여 그를 벼랑으로 끌고 가서 밀쳐버리려고 했습니다(눅 4:28-30).

하나님께서는 악을 심판하십니다. 벧엘에서처럼 나사렛에서도 심판이 내렸습니다. 벧엘에서는 엘리사를 조롱하며 하나님을 배척했던 자들이 곰들에게 물려 죽었습니다. 나사렛의 경우에는 이 같은 즉각적이고 물리적인 심판은 없었지만, 예수님의 임재와 그의 은혜로운 사역의 혜택이 중단되었습니다. 우리가 아는 한, 예수님은 나사렛을 그 후로 다시 방문하시지 않았습니다.

복음은 어떤 이들에게는 생명의 향기가 되고 다른 이들에게는 죽음의 냄새가 됩니다(고후 2:16). 예수님을 하나님께서 보내신 구주로 믿는 자에게는 영생이 있고 믿지 않는 자에게는 심판이 있습니다. 이 심판은 엘리사 시대에도 있었고 지금도 계속되고 있습니다. 은혜의 복음에는 심판의 메시지가 포함되어 있습니다. 복음은 낭만적 메시지가 아닙니다. 복음은 진리의 빛을 비춰주고 어둠에서 해방되는 구원의 길을 제시합니다. 그러나 복음을 배척하고 구원의 길을 열어주신 하나님의 그 큰 사랑을 비웃는 자들은 반드시 심판을 받습니다. 엘리사의 저주로 내린 벧엘에서의 심판은 하나님과 그의 진리를 선포하는 선지자들을 조롱하는 악행에 대한 엄숙한 경고였습니다.

예수님은 구원자이시면서 동시에 심판주이십니다. 예수님은 회개하고 주님을 믿는 죄인들을 친구나 형제처럼 대하십니다. 그러나 그를 멸시하는 죄인들에게는 자비가 없는 형벌을 내리시는 엄위하신 심판주이십니다. 상한 갈대를 꺾지 않고 꺼져가는 등불을 끄지 않으시는 주님은 십자가에 못 박힌 양손을 펼치시며 누구든지 원하는 자는 거저 주는 은혜 구원을 받으라고 호소하십니다. 예수님은 사랑과 동정과 부드러움으로 가득하신 하나님의 어린 양이시지만, 동시에 모든 악인을 지옥 불에 던지시는 진노의 어린 양도 되십니다. 그는 마지막 날에 하나님이 세우신 심판주로서 세상 만국을 자기 앞에 모으실 것입니다. 그때 주 예수를 믿는 자들과 그의 복음을 걷어찬 악인들을 양과 염소를 구별하듯 골라내실 것입니다. 복음의 핵심은 십자가의 사랑이어도 복음의 메시지에는 언제나 심판의 경고가 들어 있습니다.

참 복음은 이 세상에서 반대를 당합니다. 구원과 심판을 함께 선포하는 교회는 어둠의 세력으로부터 공격을 받습니다. 세상은 자기에게 속한 악한 아이가 한 명이라도 다치면 선지자를 박해하고 교회를 원망합니다. 그러나 염려할 필요가 없습니다. 제자가 그의 스승과 같이 되면 충분하기 때문입니다. 예수님은 세상에서 박해를 당하셨습니다. 그의 제자들도 스승의 길을 따를 때 고난이 옵니다. 하지만 주님의 길을 따르며 외치는 복음에는 능력이 있습니다. 왜 어둠의 세력이 반대합니까? 가감 없이 전하는 복음이 능력이 있어 자기에게 속한 악한 아이들을 죽이기 때문입니다.

내가 하나님과 그의 복음을 전할 때 어떤 일이 일어나고 있습니까? 어둠에 속한 자가 굴복하며 물러납니까? 하나님의 이름이 높임을 받습니까? 주께서 세워주신 하나님의 종으로서의 나의 권위가 입증되고 있습니까? 혹은 나에게 박해가 와서 내가 그리스도의 고난에 참여하게 됩니까?

여리고 주민들은 식수가 오염되고 생존의 위협을 느끼자 하나님의 말씀으로 마음을 돌렸습니다. 그들은 엘리사 선지자를 찾아와서 도움을 구하였습니다. 그들은 여호와의 말씀의 능력으로 정화된 생수를 마시고 하나님을 찬양하였습니다. 벧엘은 어떠했습니까? 그들은 하나님의 말씀을 배척하였습니다. 그들은 구원과 생명의 말씀을 가지고 그들을 방문한 엘리사 선지자를 조롱하였습니다. 그 결과 그들의 성읍에 죽음의 곡성이 울렸습니다. 여리고에서는 축복으로 나왔던 말씀이, 벧엘에서는 저주가 되어 나왔습니다. 전자는 생명과 번영을 가져왔고, 후자는 죽음과 재앙을 불러 왔습니다.

여리고는 하나님께서 여호수아의 입을 통하여 여러 해 전에 저주를 내리셨던 곳이었습니다. 벧엘은 하나님께서 오랜 옛날에 야곱을 만나시고 축복하셨던 곳이었습니다. 그러나 이제는 양쪽의 상황이 번복되었습니다. 여리고는 복을 받고 벧엘은 저주를 받았습니다. 하나님의 은혜는 장소나 시대에 묶이지 않습니다. 하나님의 은혜는 한 세대에서 다음 세대로 자동으로 넘어가지도 않습니다. 저주도 마찬가지입니다. 여리고 성의 저주는 벗겨질 수 없는 불변의 재앙이 아니었습니다. 축복도 저주도 바뀔 수 있습니다. 중요한 것은 하나님의 말씀에 직면했을 때 우리가 어떤 결정을 하느냐는 것입니다. 벧엘의 아이들은 노래하듯이 엘리사를 보고 '대머리여 올라가라 대머리여 올라가라'고 따라다니면서 조롱하였습니다. 아이들의 이러한 사악한 행위는 벧엘 사람들이 여호와 하나님에 대해서 어떤 자세를 가졌는지를 드러냅니다. 아이들 뒤에는 우상을 숭배하고 여호와와 그의 선지자들을 멸시하는 벧엘의 부모들이 있었습니다. 아이들은 그들의 사주를 받았고 그들의 우상 숭배의 악영향 아래에서 자라고 있었습니다.

: 하나님은 은혜도 심판도 풍성하게 내리십니다.

벧엘 에피소드는 하나님의 말씀을 배척하는 자들에게 심판이 내린다는 사실을 충격적으로 전시하였습니다. 충격이 없으면 심판의 심각성을 모릅니다. 예수님도 이스라엘의 영적 상태를 상징하는 열매 없는 무화과나무를 저주하셨습니다. 그리고 성전 파괴를 예고하셨는데 과연 AD 70년에 로마에 의해서 성전과 예루살렘이 철저하게 파괴되었습니다. 하나님의 심판은 충격으로 임합니다. 그래야 정신을 차리고 깨어날 자들이 생기게 됩니다.

성경은 하나님께서 우리 죄를 씻기고 삶을 갱신하는 은혜 사역을 거부하면 넘치게 주는 하나님의 사랑과 자비가 어느 날 넘치는 정죄와 심판으로 돌아올 것을 가르칩니다. 바울은 복음 전파의 효과를 이런 관점에서 언급하였습니다.

"이 사람에게는 사망으로부터 사망에 이르는 냄새요 저 사람에게는 생명으로부터 생명에 이르는 냄새라 누가 이 일을 감당하리요"(고후 2:16).

예수님은 제자들을 세상에 보내시면서 그들을 영접하는 자는 주님 자신을 영접하는 자라고 하셨습니다(마 10:40). 그러나 그들의 복음을 듣지 않는 자들에게는 소돔과 고모라보다 더 큰 심판이 기다린다고 경고하셨습니다(마 10:14-15).

나는 은혜의 복음을 들려주려고 나의 삶 속으로 들어오려는 엘리사를 어떻게 대하고 있습니까? 그를 막기 위해 무례한 아이들에게 조롱의 노래를 가르쳐 보내지는 않습니까? 내가 사는 곳은 어디입니까? 하나님에게 가서 생명수를 마시게 해 달라고 간청하는 여리고입니까? 아니면 하나님의 축복을 걷어차고 재앙을 자초하는 벧엘입니까? 그리스도인들은 모두 '벧엘'(하나님의 집)입니다. 우리가 '하나님의 집'이라면 '벧아웬'(헛된 것)으로 채워지지 말아야 합니다. 하나님은 복음의 진리를 대항하는 모든 것들을 다 찢어 버리기를 원하십니다. 내 속에는 무서운 곰들의 공격을 받아 찢어져야 할 부분이 없습니까?

우리는 하나님의 풍성한 은혜도 기억해야 하지만 하나님의 풍성한 심판도 기억해야 합니다. 그런데 중요한 것은 하나님의 심판이 교회에 먼저 내린다는 사실입니다. 베드로는 "하나님의 집에서 심판을 시작할 때가 되었다"(벧전 4:17)고 했습니다. '하나님의 집'은 구약 시대에는 성전이었습니다. 이스라엘 백성이 우상숭배에 빠졌을 때 하나님은 이방인이 아닌 자기 백성을 먼저 심판하셨습니다. 그래서 하나님께서는 심판을 집행하는 자들에게 "내 성소에서 시작할지니라"(겔 9:6)고 하셨습니다(겔

9:6). 그러나 성소의 죄악들 때문에 슬퍼한 자들은 다가오는 심판에서 구출되었습니다(겔 9:4-6).

오늘날 우리 교회는 죄악으로 가득합니다. 교회가 언제 심판을 받을까요? 이미 자기 백성에 대한 하나님의 심판이 시작되었습니다. 이 심판들은 미래의 마지막 심판을 가리키지 않습니다. 교회를 향한 하나님의 심판이 현재 진행 중입니다. 그럼 누가 살아남을까요? 오직 깨어서 하나님의 심판을 의식하고 교회의 죄를 회개하며 죽어가는 세상을 위해 고난을 달게 받는 자들입니다. 주 예수의 보혈로 이룬 은혜의 복음과 하나님의 준엄한 심판 메시지를 전하는 자들만이 살아남게 될 것입니다.

엘리사를 심히 조롱했던 사십이 명의 아이들은 곰에 찢겨 아까운 목숨을 잃었습니다. 어떻게 곰 두 마리가 그렇게 많은 아이를 죽일 수 있겠습니까? 정상적인 상황이라면 곰이 먼저 한두명을 공격하는 동안이라도 다른 아이들은 얼마든지 도망칠 수 있었을 것입니다. 그러나 여리고의 독물을 소량의 소금으로 정수시킨 하나님께서는 소수의 곰으로 많은 사람을 단번에 죽일 수 있습니다. 은혜에 풍성하신 하나님은 심판에도 풍성하십니다. 하나님은 공의로 세상을 심판하십니다. 다행히도 하나님께서는 그의 복음을 배척하는 무엄한 죄인들에게 곰들을 자주 보내시지 않습니다. 성령을 속인 아나니아와 삽비라의 사건도 자주 일어나지 않습니다. 왜 그렇겠습니까? 현대 교회에는 아나니아와 삽비라와 같은 자들이 없어서일까요? 지금은 그런 속임과 부정이 초대교회 때에 비하면 규모와 횟수에 있어 비교되지 않습니다. 엄청난 재정 비리가 상당수의 교회 지도자들에 의해서 저질러지고 있었다는 사실은 이제 누구나 아는 상식이 되었습니다. 그런데도 감옥에 가는 사람들은 소수입니다. 하나님은 심판에 풍성하십니다. 그러나 은혜에 더욱 풍성하셔서 죄인들을 오래 참으시며 구원의 말씀으로 돌아오기를 기다리십니다. 하지만 조만간 모든 은혜의 문이 닫힐 때가 옵니다. 어떤 이들은 죽음의 심판을 받고 구원받을 기회를 놓칩니다. 또 어떤 이들은 오랜 불신으로 마음이 굳게 닫혀서 복음이 귀에 들어가지 않는 심판을 받습니다.

기독교 국가에도 하나님의 심판이 임하고 있습니다. 서구의 선진국들은 원래 기독교 사상으로 법도 만들고 사회도 발전시켰습니다. 그들은 처음에는 '하나님의 집'(벧엘)이었습니다. 그런데 지금은 어떠합니까? 가장 부패한 인간의 행위들을 오히려 법적으로 보호하고 하나님의 말씀에 도전하고 있습니다. 그들의 악한 삶의 영향이 전 세계로 번져 나갑니다. 오늘날의 벧엘들은 회개하지 않으면 심판을 받을 것입니다. 그때는 우리가 생각하는 것보다 훨씬 더 빨리 올지 모릅니다. 전 세계가 조만간 자비가 없는 하나님의 심판을 경험하게 될 것입니다.

우리가 할 일이 무엇인지 생각해 보아야 합니다. 먼저 우리 자신의 문 앞에 다가온 엘리사를 환영하는 것입니다. 하나님의 사람들이 전하는 복음을 더욱 간절히 사모하고 소돔과 고모라의 대재앙을 맞게 될 가련한 세상을 위해 아브라함처럼 간절히 중보해야 합니다. 그리고 복음의 능력을 되찾기 위해 벧엘의 악당들에 맞서서 하나님의 이름으로 심판을 경고하고 교회의 그릇되고 안일한 말씀 사역을 갱신시켜야 합니다. 하나님은 충분한 경고를 하셨습니다. 하나님의 심판은 세상을 향한 것만이 아닙니다. 사실상 하나님의 심판은 그의 자녀들에게 먼저 내린다고 하셨습니다.

> "하나님의 집에서 심판을 시작할 때가 되었나니 만일 우리에게 먼저 하면 하나님의 복음을 순종하지 아니하는 자들의 그 마지막은 어떠하며 또 의인이 겨우 구원을 받으면 경건하지 아니한 자와 죄인은 어디에 서리요"(벧전 4:17-18).

우리는 신자들과 교회가 받는 심판에서 불신자들과 이 세상이 받게 될 심판이 어떠할지를 짐작할 수 있습니다. 자기 백성에 대한 하나님의 심판은 사실상 일시적이고 가벼운 매질입니다. 그래도 물론 고통스럽습니다. 그렇다면 하나님을 멸시하고 자기 맘대로 사는 불신자들에게 내릴 자비가 없는 하나님의 진노의 심판은 얼마나 더 무섭겠습니까? 그래서 우리는 더욱더 회개해야 하고 세상이 받을 심판을 생각하고 복음을 바르게 전하며 올바른 성도의 삶을 살아야 합니다.

벧엘의 두 마리의 야생 곰들은 자신들의 소명을 철저하게 완수하였습니다. 이러한 경고로 충분해야 합니다. 더 이상의 곰들이 나와서 우리를 찢지 않도록 해야 하겠습니다.

7장

실족을 통한 교훈

열왕기하 3:1~27

"여호사밧이 이르되 우리가 여호와께 물을 만한 여호와
의 선지자가 여기 없느냐 하는지라 이스라엘 왕의 신하들
중의 한 사람이 대답하여 이르되 전에 엘리야의 손에 물
을 붓던 사밧의 아들 엘리사가 여기 있나이다 하니"(왕하
3:11)

모압 왕은 이스라엘의 국력이 아합 왕의 사망 이후에 줄어
든 틈을 타서 매년 바치던 공물을 중단하고 배반하였습니다. 그
러자 이스라엘 왕인 여호람은 모압을 침공하기로 작정하였습니

다. 그는 승리를 확보하기 위해서 유다의 여호사밧 왕에게 사신을 보내 전쟁 참여 의사를 물었습니다. 여호사밧은 즉석에서 쾌히 승낙하였습니다. 이들은 에돔 왕까지 합세하게 하여 세 나라의 연합군으로 모압을 치려고 사막 길로 들어섰습니다. 그러나 일주일 후에 식수가 떨어져 모압의 역공을 당할 위기에 처하였습니다. 본문은 이들이 엘리사를 찾아가서 자신들이 처한 난경을 호소하는 스토리입니다.

: 여호람과 여호사밧과 엘리사의 비교

여호람은 겉치레의 개혁으로 만족하였습니다.

여호람은 아합의 아들이었습니다. 그는 자기 부친에 비하면 나은 편이었습니다. 그는 부친이 세웠던 바알 주상을 파괴하였습니다(3:2). 그러나 그는 여로보암의 우상 숭배 죄를 떠나지 않았고 "여호와 보시기에 악을 행"(3:2, 3)하였습니다. 여호람의 마음은 하나님 앞에서 온전치 못하였습니다. 그는 한 가지 죄는 청산했지만, 또 다른 죄는 붙잡았습니다. 그는 아합과 이세벨의 바알 경배는 엘리야 선지자의 개혁 이후로 지지하지 않는 것이 상황적으로 유리하다고 보았을 것입니다. 그러나 모든 것을 다 버릴 수는 없었습니다. 그는 여로보암의 금송아지 숭배는 자신의 정치적 안정과 백성들의 종교 활동에 도움이 될 것으로 간

주했을 것입니다. 그는 필요에 따라 편한 대로 행하는 자였습니다. 사실상 성소에 있는 바알의 주상을 제거했을지라도 바알 종교 자체를 나라에서 완전히 몰아낸 것은 아니었습니다. 편의상 강조점을 바알 경배에서 금송아지 경배 쪽으로 옮긴 것에 지나지 않았습니다. 그래서 엘리사 선지자는 나중에 그가 도움을 받으러 왔을 때 그의 부당한 처신을 지적하며 부모의 우상 선지자들에게 가라고 했습니다(13절).

여호람의 후손들은 지금도 많습니다. 어떤 죄를 버리는 것은, 불리한 압력을 피하거나 혹은 더욱 나은 것을 얻기 위한 일시적인 중단인 경우가 적지 않습니다. 마음의 개혁에서라기보다는 자신의 신분 노출의 염려나 체면 유지나 다른 사람의 눈을 의식해서 오는 현상일 수 있습니다. 금송아지 우상과 바알의 주상을 왔다 갔다 하는 것은 일종의 처세에 불과합니다. 여호와께 돌아오려면 금송아지도 바알도 모두 버려야 합니다. 여호람의 경우, 그가 바알의 주상을 제거한 것은 경건한 유다의 여호사밧 왕에게 정치적 협조가 필요할 때에 도움이 됐을지 모릅니다. 그러나 그의 영혼에는 아무런 유익이 없었습니다. 우리는 겉으로는 죄를 정리한 척할 수 있습니다. 그러나 죄 자체가 싫고 나쁘기 때문에 절단하는 것과 전략적으로 유리하기 때문에 일시 양보하는 것은 차이가 있습니다. 죄는 죄이기 때문에 버려야 합니다. 이해관계 때문에 죄를 버리는 것은 상황이 달라지면 다시 쉽게 제자리로 돌아옵니다.

여호사밧은 불의한 이웃과 친선 관계를 맺었습니다.

여호사밧은 좋은 왕이었습니다. 그는 하나님을 경외하였고 여호와 종교로 나라를 이끌려고 노력했습니다. 그러나 그는 너무 성급하게 우상 숭배자인 여호람과 군사 동맹을 맺었습니다. 그는 처음에는 이스라엘에 대한 정책이 선왕들처럼 방어적이었으나 점차 국경 수비를 풀고 친선 관계로 바꾸었습니다. 그는 오므리 왕가와의 정략결혼으로 국가 안보를 시도하였습니다(왕상 22:44). 더구나 자기 아들을 아합과 이세벨의 딸인 아달랴와 결혼시켰습니다. 그런데 그가 얻은 것이 무엇이었습니까? 나중에 이 결혼의 결과로 아달랴가 유다에서 세력을 잡고 다윗 왕가의 씨를 말리려고 시도하였습니다(왕하 11:1-3).

여호사밧은 과거에도 이스라엘과 여러 번 바람직하지 못한 관계를 맺었던 전력이 있었습니다. 그는 아합과 함께 아람을 공격할 때 하나님의 견책을 받았고 그때 거의 목숨을 잃을 뻔했습니다(대하 18:31, 32; 19:1, 2). 또한 그는 아합의 악한 아들인 아하시야와 함께 해양 산업에 손을 대었다가 역시 하나님으로부터 벌을 받았습니다. 그때 다시스로 항해하려고 지은 배들이 모두 부서지고 말았습니다(대하 20:35-37). 이런 과거의 전철이 있었음에도 그는 아합의 아들이며 아하시야의 동생인 여호람의 동맹

군 요청을 선뜻 받아들였습니다.

사람마다 약점이 있다는 것은 누구나 인정합니다. 여호사밧은 경건한 왕이었지만 예외가 아니었습니다. 그의 약점은 북이스라엘에게 불필요한 호의를 베풀며 선심을 쓴 것이었습니다. 그는 부패한 북이스라엘과의 친선 유지에 눈이 멀어 있었습니다. 그래서 여호람이 모압을 치자고 하자 하나님께 묻지도 않고 승낙해 버렸습니다. 그는 어쩌면 여호람이 바알의 주상을 제거한 것을 보고 여호와께로 돌아왔다고 보았을지 모릅니다. 그리고 모압을 이번에 완전히 꺾는 것이 유다의 안보를 위해서도 유익이라고 판단했을 듯합니다. 그러나 신앙 원칙을 제쳐 놓고 우상 숭배자와 손을 잡는 것은 위험천만한 일입니다. 여호사밧은 메마른 광야에 들어가서 식수난으로 생명의 위협에 직면하고서야 자신의 우매를 깨닫고 하나님을 찾았습니다. 어떤 경우에도 우리의 장자권을 팔아서는 안 됩니다. 나의 약점은 항상 사탄의 공격 대상입니다. 성공률이 가장 높기 때문입니다. 내 마음이 금방 쏠리는 일일수록 하나님께 먼저 물어보는 습관을 길러야 합니다.

엘리사는 사람을 두려워하지 않고 영적 품위를 지켰습니다.

뜻밖에도 세 명의 왕들이 엘리사 앞에 나타났습니다. 그들은 왕관을 쓴 세 나라의 왕들로서 엘리사의 도움을 구하려고 찾아

왔습니다. 엘리사는 어떤 인물이었습니까? 그는 한 농촌에서 소로 밭을 갈던 전혀 알려지지 않았던 평범한 농민이었습니다. 이제 그는 엘리야 선지자의 뒤를 이은 후임 선지자였지만 그의 신분은 여전히 이스라엘 국가의 한 시민이었습니다. 그러나 그는 왕들 앞에서 두려워하거나 그들의 내방이 좋아서 어쩔 줄 모르고 기뻐하지 않았습니다. 그는 그들에게 아첨의 말을 하지도 않았고 그들과 좋은 관계를 맺어 나중에 이용할 마음도 없었습니다. 그는 왕들 앞에서 당당하였고 그들의 세상 영예와 권력에 조금도 현혹되지 않았습니다. 이것은 결코 쉬운 일이 아닙니다.

그 비결은 무엇이었을까요? 그는 세상 왕과 비교할 수 없는 하늘 왕관을 쓰신 만왕의 왕 되신 하나님과 늘 교제하며 그분 앞에서 살았습니다. 하나님을 경외하면 세상의 헛된 영화나 권력 앞에서 비굴해질 필요가 없습니다. 하나님과 가까이 살면 그분의 위대하심을 날마다 새롭게 확인합니다. 창조와 구원의 하나님을 알면 알수록 세상 영화는 관심에서 사라지고 주님의 영광만 바라게 됩니다. 엘리사는 세상 영화에 마음이 흔들리지 않았습니다. 그는 왕들 앞에서 자신의 영적 품위를 지켰고 하나님의 메시지를 있는 그대로 권위 있게 전하였습니다.

[여호람 왕에 대한 엘리사의 견책]

엘리사는 여호람 왕을 좋게 대하지 않았습니다. 여호람은 세속적인 삶을 살다가 다급할 때만 최후의 궁여지책으로 하나님을 찾는 자였습니다. 그런 여호람에게 엘리사는 면박을 주었습니다. 자기 부모인 아합과 이세벨에게 속한 바알 선지자들에게로 가지 왜 자기에게 왔느냐고 꼬집었습니다(13절).

이런 식의 면박은 필요한 것일까요? 엘리사는 너무 무례하지 않았는지요? 그가 좀 더 부드럽게 좋은 말로 이스라엘 왕을 대했다면 다른 두 왕에게도 좋은 인상을 주지 않았을까요? 그러나 이 문제는 목적과 동기와 효과의 관점에서 평가되어야 합니다.

목적 여호람으로 하여금 우상 종교의 무익성과 무력성을 뼈아프게 느껴서 우상들을 버리고 여호와께로 돌이키게 하려는 것이었습니다.

동기 악심에서 내뱉는 언어적인 보복이 아니었습니다. 여호람은 그의 부모들의 바알 숭배로 이스라엘 국가가 너무도 심각한 배도에 빠진 것을 깊이 인식하지 못하고 우상 종교에 의지하기 때문에 그의 어리석음을 각성시키려고 하였습니다.

효과 따끔한 지적이 잘못을 깨닫게 하는 데 필요한 때가 있습니다. 얼굴이 지저분하다는 것을 어떻게 알 수 있습니까? 얼굴에 큰 흠이 있다는 것을 무엇으로 확인할 수 있습니까? 거울입니다. 엘리사는 여호람이 자신의 심각한 결함을 보게 하려고 말씀의 거울을 그의 얼굴 앞에 바짝 디민 것이었습니다. 그래서 얼굴이 붉혀져야 할 필요가 있었습니다.

하나님의 사람의 특징은 무엇입니까? 자신이 받은 메시지의 색깔이나 어투나 내용을 상대방의 신분이 높다고 해서 바꾸지 않는 것입니다. 엘리사는 하나님으로부터 받은 메시지를 희석하지 않았습니다. 그는 여호람이 들어야 할 말을 그대로 전하였습니다. 우리는 하나님의 백성을 대할 때도 동일한 자세를 가져야 합니다. 돈이 있고 직업이 좋다고 호의를 베풀거나 알아주는 것은 세속적인 처세입니다. 그런 가치관을 따르면 교회는 세상적으로 잘난 사람들만 직책을 받고 운영해 나간다는 말이 됩니다. 돈이 있건 없건, 세상이 알아주는 직업을 가졌든지 못 가졌든지 외국 학위가 있든지 없든지 교회는 누구든지 하나님의 말씀의 권위 앞에 복종해야 합니다. 엘리사는 이런 자세로 사역했기 때문에 나중에 나아만 장군이 많은 예물을 가지고 자기 집을 찾아왔는데도 급히 나가서 굽실거리지도 않았고 특별 대우를 한 것도 없었습니다. 그는 사실상 문밖에 나가지도 않고 나아만에게 그가 행할 일만 지시하였습니다. 엘리사는 여호람에게 또 한 가지 지적하는 것이 있었습니다.

'내가 만일 유다의 왕 여호사밧의 얼굴을 봄이 아니면 그 앞에서 당신을 향하지도 아니하고 보지도 아니하였으리라'(왕하 3:14).

여호람은 우상 종교에서 벗어나지 않았습니다. 그는 다급하게 되자 여호와를 이용하려고 했지 여호와를 진정으로 사랑하는 자가 아니었습니다. 여호람은 자신의 처지가 너무도 궁색하다 보니 엘리사의 노골적인 반감에도 부드럽게 대답하며 "여호와께서 이 세 왕을 불러 모아 모압의 손에 넘기려 하시나이다"(13절)라고 호소하였습니다. 물론 엘리사가 그에게 우상 선지자들을 찾아가라고 한 말은 기분 좋게 들리지 않았을 것입니다. 그러나 그가 여호사밧 왕을 전쟁에 참여시킨 것은 그가 사는 길이 되었음을 깨닫고 다행으로 여겼을 것입니다. 사람들은 주 예수를 사랑하는 자들 때문에 자신들이 복을 받는다는 사실을 잘 인식하지 못합니다. 하나님은 소돔과 고모라를 심판하실 때에 의인 십 명만 있어도 멸망시키지 않겠다고 하셨습니다(창 18:32).

: 여호사밧의 교훈

여호람은 여호사밧에게 전략 루트를 결정하라고 맡겼습니다. 아마 그를 윗사람으로 대우한다는 호의적인 제스츄어였을 것입니다. 그런데 여호사밧은 북쪽에서 공격하는 정상적인 루트를 피하고 사해 바다 남쪽으로 둘러서 가기로 하였습니다. 남쪽에서 모압을 습격하면 예상하지 못한 방향이기에 유리할 것으로 여겼습니다. 또한 가는 길에 에돔까지 합세하게 할 수 있을 것으로 계산하였습니다. 그러나 이 길은 사막지대였습니다. 그래서 여러 날 동안 행군하다가 물이 다 떨어지고 말았습니다. 여호사밧은 자신의 전략에 흠이 없다고 생각했을지 모르지만, 전쟁의 승패는 흔히 그렇듯이 생각지 못한 상황에 의해 결정될 때가 적지 않습니다. 그래서 이스라엘의 전쟁사는 '전쟁은 여호와께 속하였다'는 결론을 내립니다(삼상 17:47; 대하 20:15). 여호사밧은 그의 전략에 하나님을 고문으로 모시지 않았습니다. 그는 사막에서 물이 떨어졌을 경우의 상황을 전혀 고려하지 않았습니다.

[실수할 때에 보이는 반응]

여호사밧은 유다의 경건한 왕으로서 여호와 경배를 백성들에게 강조하고 아세라 목상들을 제거하며 공정한 법을 집행하게 하였습니다(대하 19장). 그러나 하나님의 사람들도 때로는 실수하기 마련입니다. 그런데 여호와를 경외하는 자들의 다른 점은 실족하여 곤궁에 빠질 때 겸비한 자세로 하나님을 찾습니다. 반면, 불경한 자들은 어려움이 오면 자신들의 실수와 잘못으로 생긴 일임에도 하나님을 원망합니다. 여호람은 식수가 떨어지자 당장 하는 말이 "슬프다 여호와께서 이 세 왕을 불러 모아 모압의 손에 넘기려 하시는도다"(10절) 라고 부르짖었습니다.

세상은 항상 이런 식으로 하나님을 원망합니다. 인간의 욕심과 죄악으로 인해 발생하는 온갖 불행을 모두 하나님의 책임으로 돌리며 하나님을 믿을 수 없다고 말합니다. 전쟁, 기아, 질병, 지진, 홍수, 경제 파탄, 각종 사고 등등이 다 하나님의 잘못이거나 하나님이 막아주지 않아서 일어난다고 봅니다. 여호람은 자신의 실책의 결과로 죽음의 문턱에 이른 것을 알고 나서야 '여호와'의 이름을 언급하며 두려워하였습니다. 그는 죄책감과 공포심으로 질려 있었습니다.

여호람의 불평을 들은 여호사밧은 "우리가 여호와께 여쭐 만한 여호와의 선지자가 여기 없느냐"(11절) 고 당장 물었습니다. 우리는 하나님을 평소에 잘 섬기다가도 여호람과 같은 상대할 수 없는 사람들과 이런저런 이유로 얽히게 되면 그만 실족하게 됩니다. 그런데 중요한 것은 그럴 때 자기답지 않은 실수와 죄로 인해서 낙담하며 자신에 대한 회의에 빠지지 말아야 합니다. 여호사밧처럼 하나님을 속히 찾아야 합니다. 여호사밧은 자신의 어리석음이 지적될까 봐 선지자를 피하지 않았습니다. 그는 엘리사가 근처에 있다는 말을 듣고 주의 말씀이 그와 함께 있으니 만나러 가자고 하였습니다. 우리가 실족하여 발을 절고 죄에 넘어져 피곤할지라도 일어나서 주께로 가면 후히 주시고 꾸짖지 아니하시는 주님의 치유를 받게 됩니다(히 12:12-13). 여호사밧은 엘리사를 만났지만 왜 그런 무모한 모험을 하고 어리석은 결정을 하였느냐는 견책을 받지 않았습니다. 하나님께서는 평소에 하나님을 사랑하며 사는 자녀들의 실수에 너그러우십니다.

여기서 우리는 또 한 가지 주목할 것이 있습니다. 여호람에 비해서 여호사밧은 유다의 경건한 왕이었습니다. 그런데 그가 불경한 여호람 왕과 손을 잡고 연합군을 형성했다가 큰 낭패를 당하였습니다. 그는 이제 에돔 왕까지 대동하고 엘리사 선지자 앞에 서게 되었습니다. 그렇다면 그도 질책을 받아야 하지 않습니까? 그런데 엘리사는 여호람 왕 앞에서 여호사밧을 올려주었습니다. 여호사밧 덕분에 여호람이 하나님의 도움을 받게 되었다는 것이었습니다. 이 대목이 주는 메시지가 있습니다. 그것은 하나님께서 우리를 후하게 평가하신다는 사실입니다.

하나님께서는 우리의 실수를 눈을 부릅뜨고 보시기보다는 과거에 행한 우리의 선행을 기억하십니다. 소자에게 물 한 잔을 그리스도의 이름으로 준 자가 상을 잃지 않는다고 하셨습니다

(마 10:42). 하나님은 작은 선행까지 기억하십니다. 여호사밧은 평소에 하나님을 잘 섬겼습니다. 그러나 이번에 그는 큰 실수를 하였습니다. 더 정확하게 말한다면, 그는 여러 번 이스라엘과의 관계에서 실수를 반복하였습니다. 그런데 이번에는 하나님의 뜻을 한 번도 여쭈어 보지 않고 전쟁에 가담했다가 이제 엘리사 앞에 허겁지겁 제 발로 찾아와서 살길을 부탁하였습니다. 그렇다면 엘리사가 여호사밧을 꾸중할 수 있는 매우 적절한 기회가 아닙니까? 그러나 하나님은 여호사밧의 실수를 꼬집어 지적하지 않으시고 그를 여호람과 에돔 왕 앞에서 올려주셨습니다. 하나님의 평가는 우리의 실수에 현미경을 대기보다는 우리의 작은 헌신과 선행에 확대경을 대십니다.

여호사밧이 과거에 아합 왕과 함께 아람 왕을 대항하여 전쟁했을 때에도 하나님은 한 선지자를 통해서 이렇게 말씀하셨습니다.

"왕이 악한 자를 돕고 여호와를 미워하는 자들을 사랑하는 것이 옳으니이까 그러므로 여호와께서 진노하심이 왕에게 임하리이다. 그러나 왕에게 선한 일도 있으니, 이는 왕이 아세라 목상들을 이 땅에서 없애고 마음을 기울여 하나님을 찾음이니이다"(대하 19:2-3).

우리는 실수를 저지릅니다. 그런데 실수를 다시 반복합니다. 단 한 번의 실수로 끝나는 사람이 있습니까? 아브라함도 이삭도 야곱도 모두 실수를 되풀이하였습니다. 여호사밧도 마찬가지였습니다. 그러나 하나님께서는 우리의 실수를 반복하여 용서하십니다. 하나님께서 우리가 다시 실수하지 않도록 고치시는 방법은 무엇일까요? 실수보다 우리의 작은 선행들을 크게 보아 주시고 칭찬하시며 우리가 받아야 할 벌을 낮춰 주시는 것입니다. 이 같은 하나님의 후하심과 사랑의 인내를 깨달을 때 우리는 주 앞에서 죄를 범하는 일을 두려워하게 됩니다.

: 참지식이 구원의 길을 안내합니다.

"이스라엘 왕의 신하들 중의 한 사람이 대답하여 이르되 전에 엘리야의 손에 물을 붓던 사밧의 아들 엘리사가 여기 있나이다"(왕하 3:11).

이 신하의 이름은 밝혀지지 않았습니다. 그러나 그는 진영에 있는 모든 고급 장교들이나 장군들보다 더 큰 도움이 되었습니다. 그는 엘리사가 그들의 영역에 함께 있다는 것을 알았습니다. 그는 나아만 장군을 엘리사 선지자에게 소개했던 이스라엘의 한 여종을 연상케 합니다. 이 여종은 전쟁 포로로 잡혀가서 나아만의 아내를 시중들었습니다. 그런데 그녀는 나아만의 나병을 치유할 수 있는 길을 알고 있었습니다.

중요한 것은 지위나 배경이나 돈이 아니고 하나님을 아는 지식입니다. 영적 지식만이 다른 어떤 지식보다 더 가치가 있습니다. 세 왕은 군대를 모집하고 조직하며 작전을 세웠을지라도 난경에서 헤어날 수 있는 영적 지혜가 없었습니다. 엘리사가 있는 곳을 아는 것은 단순한 정보의 차원을 넘어 세 왕과 모든 군대의 목숨이 달린 문제였습니다. 하나님의 말씀을 가진 자가 어디 있는지 알고 찾아갈 수 있는 것은 때로는 많은 사람이 죽고 사는 문제입니다.

나에게는 어려움을 당했을 때 찾아갈 수 있는 하나님의 사람이 있습니까? 나는 나의 문제를 풀기 위해서 어디를 가야 말씀을 가진 자를 만날 수 있는지 알고 있습니까? 나는 난경에 처한 다른 사람들에게 하나님의 사람을 소개할 수 있습니까?

: 하나님의 사람의 특징은 무엇입니까?

‘여호사밧이 이르되 여호와의 말씀이 그에게 있도다 하는
지라’ (3:12)

엘리사의 자격증은 하나님의 말씀을 가진 것이었습니다. 그

에게 다른 모든 것이 있었을지라도 하나님의 말씀이 없었더라면 세 왕의 위기에 아무 도움이 될 수 없었을 것입니다. 그래서 그들의 문제 해결은 "여호와의 말씀"(16, 17절)이었습니다. 여호와께서 주시는 말씀이 없으면 하나님의 사람은 자기 말 이외에는 사람들에게 줄 말이 없습니다.

왜 사도들이 예수님을 떠날 수 없었습니까? 영생의 말씀이 있었기 때문입니다(요 6:68). 목회자가 하나님의 말씀을 소유하는 것은 필수적입니다. 목회자의 자질이 무엇입니까? 성품, 학위, 언변, 외모, 배경…등등입니까? 이런 것들은 다소 부족해도 됩니다. 정말 없어서는 안 되는 것은 '하나님의 말씀'입니다. 우리가 목회자를 이런 관점에서 평가하고 있습니까? 육적인 교인들은 목사에게 하나님의 말씀은 별로라도 다른 자질들이 있으면 된다고 생각합니다. 흔히 자기 교회 목사님의 말씀은 약하지만, 사람이 참 좋다고 말합니다. 그러나 목회자가 설교를 못 하는 것은 강단에 설 자격이 없는 것으로 보아야 합니다. 말씀이 없는 자가 어떻게 말씀을 전하는 소명을 받을 수 있습니까? 교회를 선택할 때에 하나님의 말씀이 우선적인 고려 사항이 되어야 함에도 많은 성도가 다른 이유로 교회를 결정하는 경우가 비일비재합니다. 그러나 하나님의 말씀이 없으면 교회 다니는 것은 시간 낭비입니다.

: 음악과 영감의 관계

엘리사는 거문고 타는 자를 불러오게 하였습니다. 그 목적이 무엇입니까? 그는 여호람 왕 때문에 심기가 불편하였고 방금 그에게 호된 말을 한 때였습니다. 여호람이 마땅히 들어야할 견책이었지만 그의 심령이 진정될 필요가 있었습니다. 그가무슨 곡을 택했는지 알 수 없지만 아마 시편의 하나였을 것입니다. 그는 무가치한 이스라엘 왕과의 면담 때문에 속이 상하였으나 하늘의 왕 앞에 자신이 나아가기 위해 마음을 가라앉혀야 했습니다. 엘리사는 선지자였습니다. 그러나 선지자라는 직분과소명이 있다고 해서 자동으로 하나님의 계시가 내린 것은 아닙니다. 물론 그가 거문고 소리를 들었기 때문에 영감을 받은 것도 아닙니다. 음악은 그의 마음을 진정시키고 집중하게 하는 것을 도와주었을 뿐입니다. 엘리사가 계시의 말씀을 받은 것은 그가 하나님과 항상 가깝게 살았기 때문이었습니다.

엘리사는 선지자의 소명을 받은 자였습니다. 그는 이 소명에신실하기 위해 하나님의 일을 항상 생각하며 하나님에게서 늘듣고 배우는 자였습니다. 그가 하나님의 지시를 받으려 했을 때하나님께서는 즉시 응답하셨습니다. 만일 세 왕이 살길을 알리는 구원의 메시지를 듣기를 고대하고 있는 절박한 때에 엘리사가 하나님으로부터 아무 메시지를 받지 못했다면 얼마나 당황

스럽고 무색했겠습니까? 그는 하나님과의 교제를 위해 마음 문을 항상 열어놓고 있었습니다.

우리가 사모해야 하는 것도 이런 하나님과의 가까운 관계입니다. 여호와 하나님이 나의 목자시며 나의 하늘 아빠라는 사실이 나와 하나님과의 관계에서 리얼하고 분명해야 합니다. 하나님께서 나와 동행하신다는 사실이 실감 나고 있습니까? 하나님은 나에게 말씀하시는 분으로 체험되어야 합니다. 내가 선지자가 아닐지라도 하나님의 자녀라면 하나님에게 청해서 받은 말씀이 내 심령에 담겨 있어야 합니다. 그래야 하나님의 말씀을 받고 싶은 자들에게 즉시 전달할 수 있지 않겠습니까? 이런 의미에서 우리 각자도 선지자의 소명을 받은 자들입니다. 번쩍이는 왕관을 쓴 세 명의 왕들은 아마 우리를 찾아오지 않을 것입니다. 그러나 하나님의 말씀이 필요한 자들은 우리 앞을 늘 지나다닙니다.

어떻게 하나님과 밀접한 교제를 할 수 있을까요? 우리에게는 이미 완성된 계시의 말씀인 성경책이 있습니다. 그래서 날마다 주님의 음성을 들을 수 있습니다. 우리는 원하기만 하면 성경을 얼마든지 배울 수 있는 시대에 살고 있습니다. 옛날에는 성경책이 희귀하여 읽고 싶어도 구할 수가 없었습니다. 지금은 성경책뿐만 아니라 성경공부에 필요한 자료들이 홍수처럼 쏟아져 나옵니다. 이상하게도 넘치는 자료가 있고 매우 발전된 신학들이 있는 시대에 성경은 닫힌 책이 되고 대부분 신자는 성경에 무지합니다. 그래서 세 왕이 내 눈앞에 나타난다고 해도 해 줄 말이 없습니다.

예를 들어 우리의 기도를 살펴보십시오. 성경 말씀의 뜻을 잘 살펴 가면서 기도하는 일이 드물지 않습니까? 평소에 하나님의 말씀을 생각하고 성경의 사상에 젖은 마음으로 하나님께 기도하고 있습니까? 하나님의 성품과 뜻에 대한 이해가 없이 자신의 문제에만 몰두한 넋두리 기도들만 나온다면 반성할 일입니다.

: 하나님의 축복을 받기 위한 고랑은
   우리가 파야 합니다.

우리는 구원이 전적으로 하나님께 달렸다는 것을 압니다. 그리고 모든 축복이 하나님에게서 온다는 것도 압니다. 우리는 내 힘으로 하려고 하지 말고 하나님께 의지해야 한다는 것도 압니다. 그럼 우리의 손과 발은 가만히 놀려 두어야 한다는 말일까요? 아닙니다. 이것은 죄와 사망으로부터 구원을 받는 것이 우리의 손에 달린 것이 아니고 하나님께서 마련하신 십자가의 은혜에 달렸음을 강조한 말입니다.

반면, 하나님께서 우리를 일상생활의 여러 가지 어려움으로부터 구출하고 인도하기 위해 지시하는 일들은 우리의 피땀을 요구합니다. 하나님께서 우리에게 행하라고 명령하시는 것을 따르는 것은 순종과 신뢰의 문제입니다. 이것은 믿음을 행사하는 일입니다. 그래서 바울도 하나님을 신뢰하며 "힘을 다하여 수고한다"(골 1:19)고 하였습니다. 하나님께서는 우리의 믿음의 행위를 통해서 많은 축복이 일어나게 하십니다. 그래서 게으르지 말라고 하였습니다. 왜 우리가 부지런해야 하고 소명에 신실해야 합니까? 주님을 신뢰하는 믿음의 행위를 통해서 하나님의 능력이 드러나고 우리를 긍휼히 여기시며 사랑하신다는 사실을 확인할 수 있기 때문입니다.

엘리사는 여호와의 이름으로 세 왕에게 개천을 많이 파라고 지시하였습니다. 비바람이 없어도 골짜기에 물이 가득하여 식수난을 해결하고 모압도 쳐서 대승할 것이라고 말하였습니다. 이 약속은 믿음의 행위를 전제한 것이었습니다. 언제 물이 도랑에 가득히 넘쳤습니까?

"아침이 되어 소제 드릴 때에 물이 에돔 쪽에서부터 흘러와 그 땅에 가득하였더라"(20절).
이것은 우연의 일치가 아니고 믿음의 행위에 대한 하나님의 응답이었습니다. 여호와께서 아침 제사를 받으셨다는 뜻이었습니다. 모압은 이스라엘의 진영을 보고 핏물로 착각하였습니다. 아마 땅이 붉어서 물빛이 붉게 보였을 것이고 거기에 햇살이 비쳐 착시 현상을 일으켰을 것입니다. 이것은 하나님의 축복에 우리가 생각하지 못했던 숨겨진 은혜의 측면이 있음을 예시합니다.

세 왕은 이제 물이 넘쳤기 때문에 군대와 가축들이 실컷 마시고 나서 모압을 공격하면 승전할 것으로 알았습니다. 그러나 하나님의 전략은 달랐습니다. 하나님께서는 모압 군사가 물의 색깔을 보고 전황을 오판하게 하셨습니다. 그들의 눈에 물빛이 핏물처럼 보이자 세 왕 사이에 싸움이 나서 서로 죽인 줄 알고 그들을 급히 공격하러 나왔습니다. 그러나 이들은 마치 호랑이 굴로 들어간 셈이었습니다. 물을 충분히 마시고 에너지 공급을 받은 연합군은 사기가 충천하여 모압 군사들을 섬멸시켰습니다.

우리가 하나님께 도움을 구하면 말씀으로 응답하십니다. 하나님의 지시를 믿음과 신뢰로 준행하면 축복이 하나님의 때에 하나님의 방법으로 옵니다. 그런데 그 축복은 우리가 상상하지 못했던 엑스트라의 복으로 이어집니다.

대패한 모압 왕은 두려워서 자기 왕위를 이을 맏아들을 성위에서 인신 제물로 바쳤습니다. 이것은 이방 종교가 얼마나 잔인하며 악한 것인지를 드러내는 끔찍한 사건입니다. 모압 왕은 이스라엘에 바치던 양털은 아끼면서(왕하 3:4-5) 자기 아들은 아끼지 않고 번제로 불살랐습니다. 이방의 악신에 사로잡힌 자들은 지금도 마음과 정신과 행습에서 악마의 모습을 드러냅니다. 그럼 인신 제물은 모두 정죄 되어야 할까요? 모세 율법과 선지자들은 모두 이방 종교의 인신 제물을 정죄하였습니다.

그렇다면 엘리사의 하나님도 자신의 맏아들을 십자가에 제물로 바쳤는데 이것도 악한 일이 아닐까요? 그럴 수 없습니다. 이방인의 인신 제물은 자신이 원하는 것을 받아내기 위해서 신에게 최강도의 제물을 바치는 것입니다. 이들의 인신 제물에는 다른 죄인들을 위한 속죄의 피가 없습니다. 따라서 아무도 구원하지 못합니다. 인신 제물로 바쳐지는 자도 죄인일 뿐입니다. 그러나 예수님의 십자가 죽음은 인류의 죄에 대한 하나님의 형벌이었습니다. 예수님이 지고 가신 십자가는 대속의 십자가입니다. 그래서 예수님은 속죄양으로 십자가 죽임을 당하였습니다. 이것은 악한 일이 아니라 무한한 하나님의 사랑의 증거입니다. 어둠의 세력에 붙잡혀 죽음의 문으로 들어가는 가련한 죄인들을 구원하기 위해서 아무런 죄가 없는 예수님이 대속의 제물이 되셨기 때문입니다.

주 예수 그리스도만이 우리를 구원할 수 있습니다. 하나님 자신의 맏아들이 우리를 위해 완전한 희생 제물이 되셨습니다. 이것은 무엇을 의미합니까? 우리의 맏아들이 제물로 바쳐질 필요가 없게 된 것입니다. 하나님께서는 자기 아들이 지고간 대속의 십자가를 단순한 믿음으로 받아들이는 자들을 조건 없이 구원하시고 하나님의 자녀들이 되게 하십니다. 구원의 생수를 마신 자들은 죽음에서 벗어나고 어둠의 세력들을 이기며 승리의 삶을 살 수 있습니다. 우리는 주 예수를 믿는 순간에 죽음에서 생명으로 옮겨집니다.

그러나 여기서 그쳐서는 안 됩니다. 이미 받은 구원이 우리의 삶 속에서 피어나야 합니다(빌 2:12). 날마다 주님과 함께 영생의 삶을 실제로 구현하려면 일용할 생명수를 받아야 합니다. 이를 위해 각자의 고랑을 파야 합니다. 땀을 흘리며 믿음으로 삽과 괭이를 쥐고 고랑을 파십시오. 날마다 하나님이 주신 약속을 신뢰하며 순종의 제사를 올리십시오. 그리하면 우리가 판 고랑에 물이 넘치고 생수의 힘과 하나님의 전략으로 원수들을 쳐서 이기게 될 것입니다.

8장

은밀한 축복

열왕기하 4:1~7

Elisha 엘리사

"선지자의 제자들의 아내 중의 한 여인이 엘리사에게 부르짖어 이르되 당신의 종 나의 남편이 이미 죽었는데 당신의 종이 여호와를 경외한 줄은 당신이 아시는 바니이다 이제 빚 준 사람이 와서 나의 두 아이를 데려가 그의 종을 삼고자 하나이다 하니"(왕하 4:1)

본 에피소드는 앞 장에 있었던 사건과 대조해서 볼 필요가 있습니다. 앞 장은 열왕기하 3장인데 이스라엘 왕이 모압과 전쟁을 하려고 유다 왕과 에돔 왕까지 끌어들였습니다. 그러나 군대가 교전도 하기 전에 물이 떨어져서 모압의 선제공격을 받는 다면 전멸할 위기에 빠졌습니다. 그때 세 왕이 마침 근처에 머물던 엘리사에게 찾아가서 도움을 구하였습니다. 엘리사는 그들에게 개천을 많이 파라는 지시를 내렸습니다(3:16). 그들은 물도 넉넉히 얻었고 전쟁에도 승리하였습니다.

이 사건 후에 이어서 소개되는 것이 오늘 본문에 나오는 어느 과부의 기름 에피소드입니다. 이 두 사건은 대조적입니다. 전자는 왕들을 상대로 하였고, 후자는 한 개인을 상대로 하였습니다. 전자의 신분은 왕관을 쓰고 화려하게 차려입은 국왕들이고, 후자는 존재가 없는 초라한 한 가난한 과부였습니다.

하나님께서는 엘리사를 통해서 왕들에게 개천을 파라고 하셨고, 한 과부에게는 기름을 부으라고 하셨습니다. 전자는 공적이고 후자는 사적입니다. 전자는 국가적인 차원에서 하나님의 기적의 능력이 드러나서 나라를 위기에서 구출하는 것입니다. 후자는 개인적인 차원에서 가난과 종살이의 위기에서 구출하는 것입니다. 전자는 모든 사람이 보는 앞에서 골짜기에서 도랑을 파는 일이었고, 후자는 방에서 문을 닫고 기름을 따르는 일이었습니다. 전자는 공적이고 국가적인 축복이며 후자는 개인적이고 은밀한 축복입니다. 본문의 교훈은 양면적입니다.

첫째, 하나님께서는 왕들과 국가의 위기를 구출해 주기도 하시지만, 한 가난한 과부의 참담한 생활고(生活苦)도 들어주시고 해결해 주신다는 것입니다.

둘째, 골방의 문은 항상 닫아 두어야 한다는 것입니다. 오직 은밀한 것을 보시는 하나님 앞에서 나의 믿음을 보이라는 것입니다.

: 경건한 삶을 남기고 가십시오.

한 과부가 엘리사에게 찾아와서 말했습니다.

"당신의 종 나의 남편이 이미 죽었는데 당신의 종이 여호와를 경외한 줄은 당신이 아시는 바니이다" (4:1)

자기 아내로부터 경건하다는 평을 들을 수 있는 남편은 분명 영적인 사람일 것입니다. 부부처럼 가까이 살면 하나님과의 관계를 속일 수 없습니다. 남편이 아내로부터 혹은 아내가 남편으로부터 경건하다고 인정받기는 쉽지 않습니다. 죽은 남편에 대한 이 과부의 평가가 무엇입니까? 신학교 때 성적이 좋았고 은사도 많아서 하나님께서 크게 쓰실 수 있었던 자인데 그만 아깝게 죽었다고 말했습니까? 아닙니다. 그녀는 오직 한 마디로 남편을 평가하였습니다. 자기 남편은 '여호와를 경외한 자'였다는 것입니다. 죽은 남편이 못나서 빚을 잔뜩 남기고 간 무책임한 인간이었다고 허물하지 않았습니다. 이 과부가 죽은 남편에 대해서 평하는 것을 보면 그녀의 평소 관심이 어디 있었는지를 짐작할 수 있습니다. 요즘 식으로 말한다면 자녀들 과외 많이 시키고 좋은 학교 넣고 좋은 데로 결혼시키고 돈 많이 벌도록 온 마음을 쓰면서 살았을까요? 그녀는 분명 여호와를 경외하는 삶에 초점을 두고 살았습니다. 그래서 남편에게 그녀가 기대한 것도 바로 여호와를 경외하는 삶이었습니다. 그녀는 남편에게 선지자 되는 것은 생활비도 안 나오니까 그만두라고 하지 않았습니다. 하나님을 서로 경외하는 부부들은 가난해도 행복할 수 있습니다. 그러던 어느 날 남편이 죽었습니다. 그녀는 서러워하면서도 자기 남편이 하나님 앞에서 경건하게 살았다는 사실에 자부심을 느꼈고 그것으로 위로로 삼았습니다. 그래서 엘리사 선지자에게 가서 이 사실을 인정하지 않느냐고 상기시켰습니다.

우리는 이 세상을 떠난 후에 어떤 이미지를 남겨야 할까요? 나의 배우자나 자식들이나 혹은 이웃이 나를 경건한 자로 기억할 수 있다면 그들에게 큰 위로를 남기고 가는 셈입니다. 우리가 이 과부에게서 배울 것이 무엇입니까? 삶의 가치를 여호와를 경외하는 삶에 두고 사는 것입니다. 우리의 사회적 신분이나 경제적 형편이 어떻든지 여호와를 경외하는 삶만이 하나님께서 기뻐하시고 알아주시는 삶입니다.

: 경건은 가난을 막는 보호막이 아닙니다.

경건하게 산다고 해서 세상일에서 형통하게 된다는 보장이 없습니다. 경건이 반드시 가난의 보호막은 아닙니다. 이 과부의 죽은 남편은 엘리사도 인정하는 경건한 삶을 살았습니다. 그러나 그는 부자가 되는 것은 고사하고 기초 생활도 되지 않아 빚을 지게 되었고 이를 갚지도 못한 채 처자를 남겨 두고 죽었습니다. 주를 신실하게 따르는 것에 대한 보상을 항상 물질적인 것으로 대입시키지 말아야 합니다. 이것이 번영 신학의 잘못입니다. 기도든 헌금이든 교회 봉사든 그 어떤 종교적인 행위도 지상적인 축복을 보장하지 않습니다. 이 악한 세상에서 하나님을 경외하면서 양심적으로 살면 오히려 손해를 보는 경우가 적지 않습니다.

예수님을 위시하여 초대 교회의 사도들은 모두 가난하였습니다. 그들이 하나님의 일에 순종이 부족하거나 영적 사역을 위한 '긍정의 힘'이 부족해서 온갖 고난을 겪으며 가난하게 살아야 했을까요? 그들처럼 하나님께 헌신한 자들도 없었고 그들처럼 긍정적인 자세로 세상을 산 자들도 없었습니다. 그러나 그들은 모두 어려운 삶을 살면서 박해를 견뎌야 했습니다. 이것은 역으로 보면 가난하다고 해서 경건하게 못산다는 것이 아님을 알 수 있습니다. 가난은 경건을 막지 않습니다. 이 과부의 남편도 빈한한 생활을 하면서도 여호와를 신실하게 경외할 수 있었습니다(4:1).

반면, 경제적인 여유가 있다고 해서 경건한 삶을 산다는 보장도 없습니다. 사례비를 많이 받는 목회자가 사례비를 적게 받는 목회자보다 더 경건한 것도 아닙니다. 물론 반대로 작은 사례비가 더 나은 경건을 보장하지도 않습니다. 엄밀히 말해서 서로 아무 상관이 없습니다. 그러나 일반적으로 볼 때 가난한 자가 하나님을 더 의지하고 찾게 되는 이점(利點)이 있습니다. 그래서 산상 설교에서 예수님은 "가난한 자는 복이 있나니 하나님의 나라가 너희 것"(눅 6:20)이라고 하셨습니다.

한편, 예산이 큰 교회나 재산이 많은 신자에게는 청지기로서의 무거운 책임이 따릅니다. 재물이 많은 것 자체가 나쁜 것이 아닙니다. 재물을 어떻게 주님의 뜻에 따라 정직하고 지혜롭게 사용하는가가 더 중요한 문제입니다. 만약 재물이 넉넉하므로 가난한 자를 멸시하거나 사회적으로 우대를 받는다고 교만하거나 풍성하게 잘 산다고 하나님을 멀리하면 하나님의 나라가 주는 영적 능력과 평안을 얻지 못합니다. 돈이 없어서 불경해지기보다 돈이 많아서 불경한 삶을 사는 경우가 더 많습니다. 하나님을 경외하는 삶에 방해가 되는 것을 미리 막아야 합니다.

가난하든 부유하든 하나님을 두려워하며 그분의 사랑을 드러내는 삶은 하나님의 인정을 받을 날이 옵니다. 하나님은 무심하신 분이 아닙니다. 하나님을 경외하는 신실한 가정은 어떤 형태로든지 하나님의 큰 자비를 체험합니다. 경건했던 선지자 생도는 가난하게 죽었습니다. 그러나 그의 아내와 두 아들은 놀라운 축복을 체험하였습니다. 그의 아내는 하나님의 말씀을 신뢰하는 믿음으로 큰 은혜를 얻었습니다. 아마도 경건했던 자기 남편의 영향이 컸을 것입니다. 그녀는 선지자의 아내로서 받는 경제적 고통에 대해 하나님을 원망하지 않고 엘리사를 찾아와서 호소하였습니다. 하나님은 이런 자세와 믿음을 귀히 여기십니다.

: 기름 한 병은 무엇을 대변합니까?

엘리사를 찾아온 과부는 자신의 절박한 상황을 털어놓으며 호소하였습니다. 빚 때문에 두 아들을 빼앗기게 되었다는 것이었습니다. 엘리사는 곧 성령의 감동으로 과부의 집에 무엇이 있는지를 물었습니다. 그녀의 대답은 그녀가 어느 정도로 가난했는지를 알려줍니다.

'기름 한 그릇 외에는 아무것도 없나이다' (4:2)

개역성경으로는 2절의 그릇과 3절의 그릇에 차이가 없습니다. 그러나 다른 우리말 번역본에서는(새번역, 킹제임스) 2절을 '기름 한 병'이라고 번역하여 3절의 그릇과 차이를 두었습니다. 영역은 'a pot of oil' 'a jar of oil' (ESV), 'a little oil' (NIV) 등으로 번역하였습니다. 이것은 소소한 문제 같지만, 본 스토리를 이해하는데 적지 않은 도움이 됩니다. 2절의 '그릇'은 용량이 적은 기름병을 말합니다. 만약 돈이 될 만한 양의 기름이 있었다면 벌써 다 팔았을 것입니다. 그래서 "기름 한 그릇 외에는 아무것도 없나이다"(4:2)라는 말은 과부의 가난이 극심해서 이제 곧 굶어 죽게 되었다는 뜻입니다. 이들 집에는 먹을 만한 것은 다 먹고 소량의 기름 한 병만 남았다는 말입니다. 빚도 하도 져서 더는 빌려주는 자가 없습니다. 두 아들은 곧 종으로 끌려가게 되었습니다. 이것은 빚이 많았다는 시사입니다. 그런데 그 소량의 기름 한 병이 무슨 소용이 됩니까? 만약 엘리사가 묻지 않았다면 그 과부는 이 기름을 언급조차 하지 않았을 것입니다. 이것이 본 사건의 교훈을 포착하는 중요한 포인트입니다.

작은 기름 한 병은 그 과부의 속절없는 삶을 대변합니다. 우리 모두의 운명은 어떤 면에서 이 작은 기름 한 병에 불과합니다. 있으나 마나한 존재입니다. 그것은 나의 생사 문제를 해결하기에는 아무런 힘이 없습니다. 종으로 잡혀가는 나의 자식들을 구해낼 자원이 될 수 없습니다. 작은 기름 한 병의 가치가 무엇입니까? 제로입니다. 그럼 본문의 교훈이 무엇입니까? 그것은 이 초라하기 짝이 없는 작은 기름 한 병의 운명이 바뀔 수 있다는 것입니다. 하나님의 축복이 임하면 무가치한 것이 무한한 가치로 일변합니다. 하나님의 자비가 임하면 공포의 웅덩이에 동아줄이 내려오고, 절망의 계곡에 길이 뚫립니다. 하나님의 능력이 임하면 나의 작은 기름병이 기적의 통로가 됩니다.

: 얼마나 빌리고 얼마나 채워야 할까요?

엘리사는 "모든 이웃에게 그릇을 빌리라"(4:3)고 하였습니다. 여기서 '모든'이라는 말을 주목하십시오. 4절에서도 "그 모든 그릇"이라고 했을 때의 '모든'을 주목하십시오. 6절을 보면 "그릇에 다 찬지라"고 하였습니다. 그러니까 '모든' 이웃들에게서 빌린 '모든' 그릇들이 기름으로 '다 찼다'는 것을 강조한 것입니다. 하나님의 축복은 넘치는 후한 축복입니다. 하나님의 자비와 능력은 '모든' 필요를 채울 때까지 내립니다. 모든 이웃에게서 빌려온 모든 그릇은 하나도 빠짐없이 다 채워졌다는 것이 본문의 강조점입니다.

그런데도 사람들은 그녀가 그릇들을 더 빌렸더라면 더 채워졌을 터인데 유감이라고 말합니다. 그럼 온 세상으로 다니면서 그릇이라는 그릇은 다 빌려야 했단 말입니까? 그렇게 해서 어떻게 하겠다는 것입니까? 갑부가 되고 억만장자가 되겠다는 것입니까? 그 과부는 그럼 대박이 터지는 기회를 놓친 것일까요? 로또 심리의 대박주의는 자아 확대증 환자들의 특징입니다.

주님은 작은 일에 충성하라고 하셨습니다. 작은 일에 신실하면 큰일을 맡긴다고 하셨습니다. 대박을 터뜨리고 작은 일에 충성하라고 하시지 않았습니다. 대박이 터지면 작은 일에 충성할 수 없습니다. 그러나 작은 일에 충성하지 못하면 교만하게 되고 하나님의 마음이 아닌, 자기 마음을 따라서 살게 됩니다. 시편 저자의 고백을 들어 보십시오.

"여호와여 내 마음이 교만하지 아니하고 내 눈이 오만하지 아니하오며 내가 큰일과 감당하지 못할 놀라운 일을 하려고 힘쓰지 아니하나이다"(시 131:1).

오래전부터 교회에 침투해서 지금까지 판을 치는 '적극적 사고'니 '긍정의 힘'이니 하는 관점에서 보면, 이 시편 기자는 매우 소극적이고 부정적인 사람입니다. 그래서 큰일은 고사하고 작은 일에도 실패할 수밖에 없습니다. 하지만 이것은 누가 하는 말입니까? 하나님이 하시는 말씀입니까? 사람이 주장하는 말입니까? 시편 저자처럼 마음이 교만하지 않고 눈이 오만하지 않은 것이 실패일까요? 하나님께서 맡기지도 않은 큰일을 탐하지 않고 기겁을 할 정도로 놀라운 일을 하려고 힘쓰지 않는 것이 부정적인 사고방식일까요? '긍정의 힘'으로 누구를 놀라게 해 주려는 것일까요? 하나님을 놀라게 해 주려고 하는 것입니까? 자신의 경쟁자들을 놀라게 해 주려는 것입니까?

긍정주의와 성공주의에 빠진 사람들은 그 과부가 믿음이 부족했다고 말합니다. 엘리사가 많이 빌리라고 했는데 조금만 빌렸다는 것입니다. 하나님의 자원은 무한대니까 원하는 대로 채웠어야 했다는 것입니다. 그런 것이 큰 믿음이라는 것입니다. 그러나 이런 믿음은 위험한 믿음입니다. 믿음이 아니고 욕심이기 때문입니다. 하나님의 무한한 자원은 나의 믿음을 과시하거나 내가 원하는 만큼 끝없이 받아내기 위해 존재하는 것이 아닙니다. 하나님의 무한한 자원은 하나님의 자비와 능력과 사랑이 증명된 후에는 그치게 되어 있습니다.

6절 말씀을 다시 보십시오. 기름이 빌려온 모든 그릇에 다 찼다고 하였습니다. 더는 채울 그릇이 없었을 때 기름의 흐름이 그쳤더라고 하지 않았습니까? 과부가 "또 그릇을 내게로 가져오라" 고 했을 때 아들들이 "다른 그릇이 없나이다" 라고 한 것은 다른 그릇이 있었더라면 더 채워졌을 것이라는 뜻이 아니고, 과부의 고통을 불쌍히 여기시는 하나님의 긍휼 하심이 의심의 여지가 없이 확실하게 증시되었다는 의미입니다.

말씀의 강조점은 그릇을 더 빌렸어야 했다가 아니고, 빌린 그릇들이 하나님의 풍성한 은혜로 모두 다 채워졌다는 것입니다. 그래서 기름이 더는 나오지 않고 그친 것은 과부의 가난을 불쌍히 여기신 하나님의 도우심이 이제 부족함이 없이 소기의 목적을 다 이루었다는 것을 증명하는 것이었습니다. 그래서 이 사실을 깨달은 그 과부의 가족은 누구도 불평하거나 아쉬워하거나 후회를 하지 않았습니다. 만일 그렇지 않았다면 과부는 아이들에게 속히 나가서 그릇을 더 빌려 오라고 했을 것입니다. 엘리사도 그 과부에게 왜 그릇을 더 빌리지 않았느냐고 나무라지 않았습니다. 이것은 무엇을 의미합니까? 하나님께서도 만족하셨다는 뜻입니다. 하나님께서 만족하시면 다 끝난 것이 아니겠습니까? 언제까지 기름을 부어야 한다는 말입니까?

엘리사가 과부에게 어떻게 말했는지 주목하십시오. 기름을 팔아 빚을 갚고 남은 것으로 두 아들과 함께 생활하라고 하였습니다. 빚을 갚을 정도로 기름을 채우고 자식들이랑 먹고살 정도로 기름이 남았으면 되지 않습니까? 그것이 원래 과부가 원했던 것이 아니었습니까? 하나님의 자원이 무한대라고 해서 내가 원하는 대로, 내 욕심의 분량대로 다 받아내어야 하는 것은 아닙니다. 그런 것이 믿음의 행위가 아닙니다. 우리는 혹시 그런 복을 달라고 부르짖지는 않습니까? 나의 기름통이 언제까지 더 채워져야 하겠습니까? 내가 온 사방에서 끌어모은 온갖 종류의 기름통들이 다 채워져야 속이 후련할까요? 내 집의 기름통이 날마다 철철 넘쳐야 하겠습니까? 우리 교회의 기름통이 끝없이 늘어나야만 할까요? 그래서 너도나도 대형교회가 되고 그것도 부족해서 온 세상에 자랑거리로 내세우는 초대형교회가 되어야 하겠습니까?

얼마 전까지만 해도 세계 선교는 한국 교회가 도맡아서 해야 한다고 야단이었습니다. 무슨 이유인지 요즘은 그런 구호를 잘 들을 수 없습니다. 아마 선교를 해 보니까 그것이 혼자 도급을 받듯이 도맡아서 할 일이 못 된다는 것을 뒤늦게라도 깨달았는지 모릅니다. 우리는 기름통에 욕심을 내어서는 안 됩니다. 물론 하나님께서 그릇을 빌리라고 하시면 부지런히 빌려야 합니다. 그러나 그다음에 하라고 지시하는 말씀도 있음을 기억해야 합니다. 엘리사가 그 과부에게 지시한 말씀을 들어 보십시오.

"두 아들과 함께 들어가서 문을 닫고 그 모든 그릇에 기름을 부어서 차는 대로 옮겨 놓으라"(4절).

그릇을 빌리는 때가 있고 그릇을 채우는 때가 있습니다. 빌리기만 하면 채울 시간이 없습니다. 수 없이 빌린 그릇들이 채워지지 않은 상태로 방치되어 있지는 않습니까? 사람들은 잔뜩 모았는데 기름을 채울 시간이 없지는 않습니까? 빈 그릇인 것은 교회에 오기 전이나 온 후나 별 차이가 없지는 않은지요? 채우지 못할 그릇들이라면, 차라리 안 빌리는 것이 낫지 않을까요? 오늘날 우리 교회의 한 문제는 채워지지 않은 그릇들이 즐비하다는 것입니다. 하나님의 말씀으로 채워지지 못하고, 복음의 사상으로 채워지지 못하며, 성령의 기름으로 채워지지 못하고, 하나님의 사랑으로 채워지지 못한 교인들이 극빈자의 빈 그릇처럼 여기저기 널려 있다면 그러한 영적 가난의 원인이 무엇이라고 생각하십니까?

우리는 과부가 보인 믿음의 행위에서 도전을 받아야 합니다. 과부는 엘리사의 지시를 실천하였습니다. "그는 부었더니"(4:5)라고 했습니다. 이 짧은 한마디의 동작은 과부의 두 렙돈과 사르밧 과부의 마지막 양식이었던 가루 한 움큼을 연상시킵니다(왕상 17:12). 과부는 자신이 가진 최후의 작은 기름병이 어떻게 큰 기름통들을 채울 것인지를 두려워하거나 염려하지 않고 다 부었습니다. 얼마나 큰 믿음과 헌신입니까! 만약 실패하면 두 자녀를 종으로 잃게 되고 자신은 굶어 죽게 될 것이었습니다. 가진 것이 적을 때에는 일 원 한 장이 귀한 법입니다. 과부에게는 남은 소량의 기름이지만 한 방울도 낭비할 수 없는 극한 상황이었습니다.

그런데 우리에게 귀중한 것을 주님의 말씀에 순종해서 주 앞에서 다 바치는 것은 헌신의 달음질이 닿아야 할 최종선입니다. 우리는 마지막 한 방울의 기름이 빈 그릇에 다 부어지기 전에는 하나님의 넘치는 축복을 체험하지 못합니다. 그런데 우리 생각에는 그러한 헌신은 다 비웠기 때문에 아무것도 남는 것이 없을 것 같습니다. 그러나 주께 다 바친 것은 그대로 남아 있습니다. 과부의 기름은 떨어지지 않았습니다. 빈 그릇이 다 채워질 때까지 계속해서 흘렀습니다. 사르밧 과부의 경우도 마찬가지였습니다. 그녀가 최후의 양식을 다 부었을 때 어떤 일이 생겼습니까? 그녀의 밀가루 통의 가루가 떨어지지 않고 기름병의 기름도 없어지지 않았습니다(왕상 17:13-16).

주님 앞에서 믿음으로 부어드리는 모든 것은 절대 사라지지 않습니다. 주님의 말씀에 순종하는 부음의 자리는 항상 채워집니다. 나의 헌신이 부어진 곳은 하나님의 인정을 받는 곳이 되고, 하나님께서 기뻐하시는 임재의 장소가 되며, 하나님의 후하고 넘치는 상으로 채워지는 곳이 됩니다.

: 과부가 받은 구원은 은혜 구원의 예시입니다.

본 사건은 하나님의 구원의 은혜를 대변합니다. 하나님께서는 가난한 과부의 빚을 갚게 하셨을 뿐만 아니라 부요하게 하셨고 자녀들도 빼앗기지 않고 자유인이 되게 하셨습니다.

인간은 죄에 빠져 영생을 박탈당하였고 자유를 잃었습니다. 그런데 예수님이 하늘 아버지의 보내심을 받고 죗값을 치르기 위해 세상에 오셨습니다. 예수님은 십자가에서 우리 대신 형벌을 받으셨습니다. 그 결과 주 예수의 대속을 믿으면 누구나 죄와 사망으로부터 풀려납니다. 그런데 하나님의 구원은 죄의 빚을 탕감받고 감옥에서 나오는 것으로 그치지 않습니다. 예수님은 우리가 생명을 얻고 더 풍성히 얻게 하려고 십자가로 가셨습니다(요 10:10). 자기 아들을 아끼지 않고 내어주신 하나님은 주 예수와 함께 필요한 다른 모든 복을 기꺼이 주시는 분입니다(롬 8:32; 시 103:1-5).

우리가 받는 구원은 과부가 극심한 가난에서 구출된 것과 같습니다. 그녀는 기적으로 구출되었습니다. 사람이 주 예수를 믿고 거듭나서 영적 죽음에서 살아나는 것은 성령의 기적입니다. 죄의 빚은 과부의 빚처럼 인간이 갚을 수 없는 큰 빚입니다. 과부의 채권자가 그녀의 두 아들을 종으로 삼으려 한 것은 그만큼 갚아야 할 빚이 컸기 때문이었습니다. 죄인은 죗값을 지급할 수 없습니다.

"아무리 대단한 부자라 하여도 사람은 자기의 생명을 속량하지 못하는 법, 하나님께 속전을 지불하고 생명을 속량할 사람은 아무도 없다. 생명을 속량하는 값은 값으로 매길 수도 없이 비싼 것이어서, 아무리 벌어도 마련할 수 없다."(시 49:7-8, 새번역).

인간의 자원으로는 죽음을 피하고 영생할 수 없습니다. 그러나 주 예수께서 우리 빚을 자신이 받은 십자가 형벌로 모두 갚으셨습니다.

> "너희가 알거니와 너희 조상이 물려 준 헛된 행실에서 대속함을 받은 것은 은이나 금 같이 없어질 것으로 된 것이 아니요 오직 흠 없고 점 없는 어린 양 같은 그리스도의 보배로운 피로 된 것이니라"(벧전 1:18-19).

> "그 여인이 하나님의 사람에게 나아가서 말하니…"(4:7)

하나님께 도움을 구하는 자는 많습니다. 그런데 열 명의 나병 환자들처럼, 예수님의 치유를 받고 감사하지 않는 자들도 많습니다(눅 17:11-19). 재물의 응답을 받은 자들은 하나님께 일시적인 감사는 할지 모릅니다. 그런데 받은 재물을 어떻게 사용해야 할지에 대한 지시를 받지 않고 자기 뜻대로 사용한다면 물질의 복은 축복이 아닌 재앙이 될 수 있습니다. 재물의 무책임한 청지기 직은 가난보다 더 큰 문제를 일으킵니다. 하나님이 주신 복을 낭비하거나 오용하는 것은 큰 죄를 짓는 것입니다.

과부는 엘리사의 지시대로 기름을 따르는 전적인 순종을 하였습니다. 그리고 빈 그릇들에 기름을 다 채운 후에 엘리사 선지자에게 와서 다음 지시를 받았습니다. 감사 기도나 감사 헌금으로 받은 은혜를 표현하는 것은 마땅합니다. 그러나 받은 은혜를 주님의 뜻대로 잘 사용하기 위해 주님께 여쭈어 보고 다음 지시를 받는 것을 습관화해야 합니다.

: 과부의 이웃은 하나님의 기적의 도구가 되었습니다.

"모든 이웃에게 그릇을 빌리라"(4:3)

엘리사는 과부에게 이웃의 그릇을 빌리라고 지시하였습니다. 하나님께서는 과부의 믿음과 순종뿐만 아니라 그녀의 이웃들도 사용하셨습니다. 채권자들은 빚을 갚지 않는다고 과부의 두 아들을 노예로 데려갈 작정이었습니다. 악독한 고리대금업자들이 가난한 사람들의 삶을 황폐시키는 시대에 선한 이웃들로부터 도움을 받는 것은 감사한 일입니다. 강도 맞은 사람에게도 선한 이웃이 된 사마리아인이 있었습니다(눅 10:29-37). 바울에게도 그를 돕는 아나니아가 있었고 바나바가 있었습니다. 예수님도 마르다와 마리아 집에 자주 들리시며 선한 이웃의 도움을 받으셨습니다.

물론 과부의 이웃들이 빌려준 그릇들은 깨어진 것들도 있었을 테고 작은 것들도 포함되었을 것입니다. 그러나 흠이 있거나 극히 작은 일상의 것들이 하나님의 놀라운 구원 사역에 중요한 도구가 될 수 있습니다. 과부의 이웃들은 그들이 빌려준 그릇이 얼마나 놀랍게 사용되는지를 보지 못하였습니다. 하지만 그들은 무의식적으로나마 하나님의 기이한 구원 사역에 기여하는자들이 되었습니다. 목마른 자에게 건네주는 냉수 한 잔이나 친절한 말 한마디라도 하나님은 기억하시고 갚아주십니다. 우리가 거의 의식하지 않고 이웃에게 베푸는 선행이 하나님의 기적을 일으키는 도구로 사용될 수 있다는 것은 매우 흐뭇한 일입니다. 주께서는 그런 선행을 일일이 기억하시고 심판 날에 크게 칭찬하실 것입니다.

: 골방의 문을 닫아라.

"너는 네 두 아들과 함께 들어가서 문을 닫고 …" (4:4)

엘리사는 왜 '문을 닫고' 이 일을 행하라고 했을까요? 만일 사람들이 보는 앞에서 이 일을 했을 경우를 상상해 보십시오. 그녀는 선지자의 부름을 받은 자도 아니었고 평범한 한 가정의 과부였습니다. 그녀가 소량의 기름 한 병을 다른 많은 빈 그릇에 부을 때마다 가득 차게 되는 것을 사람들이 보았다면 어떤 반응이 나왔겠습니까? 사람들은 자기들의 모든 그릇을 가져와서 기름으로 채워 달라고 졸랐을 것입니다. 그리고 그 과부는 흔히 말하는 표현대로, 하나님께서 '귀히 쓰시는' 기적사로 떠받쳐졌을 것입니다. 사람들은 하나님을 찾는 것이 아니고 기름을 찾으러 몰려 왔을 것입니다.

예수님이 오병이어의 기적을 행하셨을 때 무리가 어떻게 했는지를 생각해 보십시오. 그들은 예수님을 억지로 왕으로 추대하려고 했습니다(요 6:15). 그들이 예수님을 구주로 믿어서가 아니었습니다. 그들이 예수님을 따른 것은 영생에 관심이 있어서가 아니고, 빵을 먹고 배가 불렀기 때문이었습니다(요 6:26). 그들의 관심은 배를 채우는 데에만 있었습니다. 그래서 예수님이 항상 자기들에게 빵을 주시기를 원했습니다.

하나님이 허락하시는 기적은 그 용도와 물량에 '제한'이 있음을 알아야 합니다. 하나님은 과부를 갑부로 만들기 위해서 기적이 일어나게 하시지 않았습니다. 기름을 팔고 빚을 갚은 후에 남은 기름으로 두 아들과 어느 정도 살게 하기 위한 것이 목적이었습니다. 남은 기름도 언젠가는 다 소진되었을 것입니다. 그동안 그녀는 다른 살길을 찾아야 했습니다. 그녀는 다시 기름을 빈 그릇에 부어서 채우는 기적을 행하라는 지시를 받지 않았습니다.

본 사건의 초점은 기름이 많이 나와서 빚을 다 갚고 그 후부터 잘 먹고 잘살게 되었다는 것이 아닙니다. 본 스토리의 핵심은 쓸모없는 작은 기름병과 같은 과부의 구차한 삶이 하나님의 자비의 손길에 닿았을 때 가장 부요한 영적 체험을 했다는 것입니다. 물질적인 풍요가 아니고 영적인 풍요가 어떻게 주어졌는지를 보여 주는 것이 본 스토리의 의도입니다. 그래서 돈이 되는 기름의 기적이 반복되었다고 하지 않았습니다. 간단하게 일회로서 그쳤다고 하였습니다. 물질적인 번영이 목적이었다면 기적이 되풀이되었을 것입니다.

하나님께서는 그녀가 이 일을 처음 행할 때 문을 닫으라고 하셨습니다. 자랑거리도 아니고 광고거리도 아니며 기적사로 나서는 일도 아니었기 때문입니다. 하나님의 기적은 신령한 체험입니다. 여러 무리와 나눌 수 있는 하나님의 공적인 기적도 있고, 조용히 개인적으로 경건하게 문을 닫고 체험해야 하는 기적도 있습니다. 과부의 기적은 일회적이었습니다. 그리고 자신과 두 아들만을 위한 것이었습니다. 그녀는 닫힌 방에서 하나님이 어떤 분이신지를 숨이 멎을 듯한 벅찬 감동으로 체험하였습니다. 그녀는 가난에 쪼들린 자신의 어려운 사정을 동정하시고 두 아들을 빼앗기지 않게 하시는 자비하신 사랑의 하나님을 자신의 골방에서 만났습니다. 그녀에게는 단 한 번의 기적으로 족하였습니다. 그녀는 앞으로 항상 하나님의 신비한 기적만을 의존하는 삶이 아니고 정상적인 삶으로 생계를 유지해 나가야 했습니다.

아마 그녀는 기름 기적을 다시 행해 보라는 부탁을 많이 받았을 것입니다. 그때의 비법을 공개해 달라는 요청도 받았을 것입니다. 왜 대형 집회를 열고 기적을 계속 일으켜서 부자가 되고 유명해지지 않느냐는 권유도 받았을 것입니다. 그런 비법의 능력이 있다고 과시하면서 하나님의 큰 종이라고 공언하는 자들은 지금도 인기가 하늘을 찌를 듯합니다. 그런 기적사들이 주도하는 집회에는 열렬한 박수와 돈 자루가 터집니다. 주체 측도 참석자도 대박을 터뜨리려고 빼곡히 들어찹니다. 그들은 날마다 그렇게 삽니다. 그들은 기적을 팔아서 삽니다. 그들은 기적을 먹고 마시면서 삽니다. 그들은 날마다 기적을 보아야 하고, 기적의 소문을 들어야 하고, 기적의 냄새를 맡아야 합니다. 그들은 기적 중독증에 걸린 자들입니다. 본 스토리의 과부도 원한다면 아마 그렇게 될 수도 있었을 것입니다. 그렇다면 그녀는 대박을 터뜨리는 행운의 기회를 놓친 것일까요?

성경은 그 과부의 나머지 삶에 대해서 침묵합니다. 우리는 그 엄청난 기적을 행했던 과부의 이름조차 모릅니다. 그녀는 분명 평범하게 살았을 것입니다. 그러나 그녀의 가슴에는 닫혔던 문 안에서 있었던 경이로운 체험들이 고이 간직되어 있었습니다. 아무도 보지 않는 곳에서 그녀는 조용히 빈 그릇을 기름으로 채우기 시작하였습니다. 그녀는 빈 그릇이 채워지는 기적을 보며 하나님의 임재의 능력과 사랑을 온몸으로 느꼈을 것입니다. 가난이 몰고 왔던 삶의 아픔이 기름처럼 흘러나갔습니다. 두 아들을 잃어야 하는 기막힌 두려움도 기름처럼 흘러나갔습니다. 그녀는 과부의 연약함과 슬픔을 이해하는 이스라엘의 하나님 앞에서 기름을 부었습니다. 빈 그릇이 다 채워질 때까지 그녀는 여호와 하나님의 끝없는 공급과 돌보심의 사랑을 온몸으로 느꼈습니다.

그것이 그녀의 영적 삶의 능력이 되었습니다. 기적의 능력은 기적 자체에 있는 것이 아닙니다. 기적의 능력은 은혜를 받은 자가 하나님을 전혀 새롭게 체험하는 것입니다. 기적의 능력은 기적사에게 있는 것이 아닙니다. 기적의 참 능력은 기적을 체험한 자가 하나님 앞에서 깊은 고개를 숙이고 주 하나님을 경외하는 영적 겸비에 있습니다. 이런 의미에서 과부의 기름 붓기의 기적은 그녀에게 영적으로 가장 풍요한 것을 깨닫는 사건이었습니다.

[은밀한 기적의 축복]

가난한 과부의 손으로 기적의 기름이 작은 기름병에서 넘치게 흘러나왔습니다. 위대한 엘리사 선지가가 와서 행한 것도 아니고, 신령한 제사장이 와서 축도한 것도 아닙니다. 가난한 삶으로 인해서 다 헤어지고 부르튼 이름 없는 한 과부의 거친 손에 의해 아무도 보지 못한, 아무도 들어보지 못한, 아무도 행한 적이 없는 놀라운 여호와의 '은밀한 기적'이 일어났습니다.

이스라엘의 하나님은 가난한 과부와 외로운 고아의 하나님 이십니다. 이 사실을 확인하기 위해서 그녀에게 또 다른 기적이 필요하지 않았습니다. 그녀에게 또 다른 위로가 필요하지 않았 습니다. 한 번으로 족하였습니다. 그녀는 오직 자기가 의지하는 하나님 앞에서 순전한 믿음과 정직한 경건으로 아무런 위선도 꾸밈도 없이 문을 닫고 기름을 따랐습니다. 그리하여 그녀는 하 나님의 '조용한 기적'을 체험하였습니다. 그것으로 족하였습니 다. 하나님께서도 단 한 번의 기적으로 만족하셨습니다. 그녀는 나머지 평생을 어떤 어려움이 와도 과부의 고통을 크게 동정하 시는 주 하나님을 신뢰하며 담대히 살 것이었습니다.

과부가 문을 걸어 잠그고 작은 병의 기름을 큰 빈 통에 붓는 장면을 상상해 보십시오. 그녀는 '죽으면 죽으리이다'의 자세로 기름을 부었습니다. 한 번도 해 본 적이 없는 일이었습니다. 사 람의 생각으로는 도무지 불가능한 일이었습니다. 남이 보면 정 신이 나갔다고 할 일이었습니다. 그녀는 한 가지 밖에 의지할 것이 없었습니다. 그것은 하나님의 약속이었습니다. 두 아들의 '순진한 손'은 빈 그릇을 붙잡고 있었고, 여인의 '떨리는 손'은 작은 병의 기름을 붓기 시작하였습니다. 그리고 살아 계신 하나님의 '능력의 손'은 그녀의 떨리는 손 위에 안수하셨습니다.

살아 계신 여호와의 이름을 부르며 생(生)과 사(死)를 걸고, 몸과 마음과 정성을 다하여 행하는 이 엄숙하고 고결한 장소에 어찌 개그맨이 필요하고 신문기자가 필요하며 온갖 엔터테인먼트의 장비와 인력이 필요하단 말입니까? 하나님께서는 바깥에서 들어오는 일체의 세속적이고 비영적인 것들로부터 문을 굳게 닫으라고 하셨습니다. 밖에서 사람들이 무엇이라고 수군거리든 신경을 쓰지 말고 하나님께 집중하라고 하셨습니다. 쇼를 보듯이 구경을 하겠다고 문을 두드리는 무례한 무리의 요구에 귀를 막고 문을 열지 말라고 하셨습니다. 나에게 개그맨보다 더 재미있는 프로그램이 있으니 당신의 기름병을 들고나와서 나와 동업하면 대성공을 한다는 유혹에 문을 닫고 있으라고 하셨습니다. 교회 집회를 엔터테인먼트로 아는 자들은 문을 닫고 기름을 부으라는 하나님의 말씀의 의미를 전혀 알지 못합니다.

그 과부의 굳게 닫힌 방 안에서 값진 기름이 흐르고 있었습니다. 그녀는 아마도 꿈을 꾸는 듯했을 것입니다. 그녀는 남편이 죽은 이후로 두 자식을 먹여 살리느라고 갖은 고생을 다 겪었습니다. 남의 빚을 갚지 못하는 약자의 입장에서 온갖 수모와 가슴에 못을 박는 몰인정한 말들을 물벼락을 뒤집어쓰듯이 고스란히 받았을 것입니다. 그때마다 죽은 남편이 그리웠을 것입니다. 그녀는 가슴에 한이 맺힌 자였습니다. 아빠가 없는 자식들을 굶겨야 하는 적도 많았을 것입니다. 어미의 마음은 밥 한 그릇을 넘치게 담아서 아이들의 밥상에 올려 줄 날을 언제나 소원했을 것입니다. 또 자신이 남편처럼 갑자기 죽기라도 한다면 이 자식들이 어떻게 될 것인지를 염려하며 잠을 이루지 못했을 것입니다. 자식을 둔 가난한 과부로서 그녀는 깊은 한을 품고 사는 인생이었습니다.

그런데 지금 그녀의 닫힌 방 안에서 무슨 일이 일어나고 있습니까? 아무도 돌보지 않는 냉혹한 세상에서 여호와 하나님이 직접 그녀의 한을 풀어 주고 계셨습니다. 땅과 바다에 있는 모든 것들이 다 내 것이라고 선포하시는 하나님께서 지금 그녀의 눈앞에서 역사하고 계셨습니다(시 50:10-12). 그녀의 가난이 사라지고 있었습니다. 그녀의 상한 가슴에 치유의 기름이 흐르고 있었습니다. 그녀의 한 많은 고통의 세월이 기름처럼 흘러 내렸습니다. "별들의 수효를 세시고 그것들을 다 이름대로 부르시는"(시 146:4) 창조의 하나님, "들짐승과 우는 까마귀 새끼에게 먹을 것을 주시는"(시 147:9) 이스라엘의 자비하신 하나님은 "상심한 자들을 고치시며 그들의 상처를 싸매시는"(시 146:3) 분이었습니다. '이제는 됐다'는 안도감이 드디어 그녀의 시린 가슴을 따스하게 녹이고 그녀의 죽은 남편이 그토록 경외했던 여호와 하나님에 대한 찬양과 감사와 감격의 눈물이 온 방을 가득

채웠을 것입니다. 본 스토리는 우리가 겪는 삶의 어두운 사건들을 어떤 시각으로 보아야 할 것인지를 역설합니다.

남편의 죽음은 비극이었습니다. 그러나 우리 하나님은 비극 속에서 역사하십니다. 우리는 인생의 비극 앞에서 오열하며 몸부림칩니다. 그러나 하나님께서는 우리의 비극 속에서 은혜를 준비하십니다. 과부의 남편은 남은 가족에게 많은 슬픔과 생활고를 남기고 하늘로 떠났습니다. 그러나 하나님께서는 과부의 가정에 하늘의 풍성한 은혜를 머금고 찾아오셨습니다.

이 땅의 임은 때가 되면 나를 떠납니다. 그러나 하늘의 임은 나를 혼자 두지 아니하시고 다시 찾아오십니다. 은혜의 하나님이 나의 고달픈 인생의 문 안으로 들어오시면 나의 비극은 절망과 고통의 수의를 벗고 부활의 새 옷으로 갈아입습니다. 그러면 모든 것이 달라집니다. 어둠에 잠겼던 나의 영혼이 빛으로 살아납니다. 비극의 눈물에 가려 앞이 보이지 않던 나의 슬픈 눈이 밝아집니다. 그러면 뼈아픈 비극의 의미를 전혀 알 수 없던 어제의 검은 커튼이 벗겨지고 비극 속에서 역사하는 주님의 섭리와 사랑의 뜻을 깨닫게 됩니다. 그리하여 모든 것이 달라집니다. 남편의 죽음까지도 새로운 의미로 다가옵니다.

남편의 죽음은 비극이었습니다. 그러나 하나님께서는 비극에 강하십니다. 비극은 결코 하나님을 이길 수 없습니다. 우리

인생의 비극은 어떤 것이라도 하나님의 사랑을 드러내고 우리 영혼을 새롭게 하는 일을 막지 못합니다. 하나님께서는 비극의 눈물이 감사의 원인이 되고, 마음의 한이 찬송의 씨앗으로 거듭나게 하시는 분입니다.

남편의 죽음은 비극이었습니다. 그러나 남편의 죽음은 하나님의 깊은 섭리 안에서 그녀의 가족 전체에게 복이 되었습니다. 그리고 수천 년이 지난 후 인생의 여러 비극을 맞으며 살아가는 우리에게도 축복이 됩니다. 비극은 이 세상에서 일어납니다. 비극은 하나님을 경외하는 자라고 해서 피해가지 않습니다. 그러나 우리 주 예수 그리스도를 사랑하는 자들에게는 모든 것이 합력하여 선을 이룹니다. 하나님은 우리의 슬픔이 변하여 춤이 되게 하시고, 화가 변하여 복이 되게 하십니다(시 30:11; 신 23:5).

과부는 지금까지 누구도 원치 않는 삶을 살았습니다. 그녀는 너무도 가난하였습니다. 두 아들을 데리고 남편 없이 살아온 세월은 그치지 않는 불안과 시름의 기나긴 터널이었습니다. 그녀는 절대 가난의 어둠 속에서 절대자를 찾았습니다. 절대로 가능하지 않은 약속을 받고 오직 믿음으로 기름을 따랐습니다. 그녀의 일생에서 가장 엄숙한 순간이었습니다. 하나님의 임재와 사랑을 온몸이 떨리도록 실감하는 시간이었습니다. 찢긴 고통의 삶 위에 위로와 치유의 기름이 흐르고 있었습니다. 누구도 보지 못한 기적을 자기 눈으로 보고 있었습니다. 누구도 행하지 못한 기적을 자기 손으로 일으키고 있었습니다. 문은 닫혀 있었습니다. 오직 자기와 두 아들만이 이 놀라운 기적에 참여한 증인들이었습니다.

여러분은 자녀들에게 무엇을 남겨주고 싶습니까? 이런 신령한 체험에 동참시키십시오. 그래서 그들에게 평생에 잊지 못할 영적 체험의 유산이 되게 하십시오. 엘리사를 찾아왔던 과부는 여호와 하나님 앞에서 기름을 따라 부었습니다. 떨리는 손으로, 파열할 듯한 심장으로, 그 작은 분량의 기름을 따랐습니다. 그것은 그녀의 몸을 붓는 경건한 기도이며, 마음을 따라 붓는 거룩한 예배였습니다. 그녀의 일생에서 이보다 더 절절하고 고결한 순간이 있었을까요? 어찌 이런 은밀한 영적 시간을 공개할 수 있단 말입니까? 성경에 기록된 위대한 하나님의 사역은 비공개로 진행된 경우가 많습니다.

　✻ 엘리야 선지자가 사렙다 과부의 아들을 살렸을 때 자기 방에 들어가서 문을 닫고 아이의 회생을 하나님께 간구하였습니다.

　✻ 엘리사가 수넴 여자의 아들을 살릴 때 문을 닫았습니다(왕하 4:33).

　✻ 예수님이 야이로의 딸을 살릴 때 비웃는 자들을 모두 물리치고 문을 닫으셨습니다(막 5:40).

＊ 베드로도 도르가를 죽음에서 살릴 때 문을 닫았습니다(행 9:40).

우리는 하나님 앞에서 가져야 할 엄숙한 영적 시간에 문을 활짝 열어 두기를 원합니다. 우리는 내가 붓는 기름이 차고 넘치는 것을 남들이 보아 주기를 원합니다. 우리는 내 손에 능력이 있는 것처럼 알려지기를 원합니다. 내가 신령하고, 내가 잘났고, 내가 하나님의 특별한 쓰임을 받는 자라는 것을 나타내기를 좋아합니다.

조용한 방 안에서 문을 잠그고 하나님의 지시에 순종하며 나의 헌신을 실천해야 하는 시간에 나팔을 불고 온 동네와 도시와 세상에 광고합니다. 하나님의 신령한 기적은 상품이 되고 쇼가 됩니다. 그러나 하나님은 문을 걸어 잠그라고 하셨습니다. 일체의 세속적인 것들이 못 들어오도록 문을 닫아야 합니다. 하나님께서 문을 열라고 하실 때까지 우리는 입을 닫고 있어야 합니다. 그때까지는 모든 것이 비밀입니다. 여러분은 이런 비밀이 어떤 것인지를 아십니까? 하나님의 참 자녀들의 가슴에는 이런 비밀들이 쌓여 있어야 정상입니다.

때가 되면,
하나님께서 우리가 엎드린 경건의 다락방을 여십니다.

때가 되면,

하나님께서 우리가 머무는 헌신의 골방을 공개하십니다.

때가 되면,

하나님께서 우리가 실천하는 믿음의 방문을 여십니다.

때가 되면,

하나님께서 우리 각자의 한이 어떻게 풀렸는지를 공개하십니다.

하나님께서는 과연 과부가 걸어 잠갔던 문을 여셨습니다. 그러나 많은 세월이 지난 후였습니다. 아마 그 과부는 이 사실을 세상에서 사는 동안에는 몰랐을 것입니다. 하나님은 그녀가 지상의 삶을 마치고 더 긴밀한 하늘 밀실의 문을 잠그러 떠난 후에 비로소 그녀와 함께하셨던 지상의 밀실을 여셨습니다. 하나님께서는 그 과부의 잠긴 방 안에서 무슨 일이 일어났는지를 성경에 자세히 기록하셨습니다. 수천 년이 지난 오늘 우리가 그 스토리를 읽고 있습니다. 하나님의 때에 나의 밀실의 문이 열리게 하십시오. '은밀한 축복'일랑 주께서 언젠가 온 세상 앞에서 펼쳐 보이실 그 날이 오기까지 가슴에 묻어 두십시오. 그리고 나만의 비밀스러운 기쁨이 되게 하십시오. 그것은 나에게 주시는 하나님의 '은밀한 축복'의 선물입니다.

9장

'하루'의 섭리 속에서

열왕기하 4:8~17

Elisha 엘리사

"하루는 엘리사가 수넴에 이르렀더니 거기에 한 귀한 여인이 그를 간권하여 음식을 먹게 하였으므로 엘리사가 그곳을 지날 때마다 음식을 먹으러 그리로 들어갔더라"(왕하 4:8)

본문은 수넴이라는 동네에 살던 한 여자가 엘리사 선지자를 자기 집에서 모시게 된 경위를 설명하는 스토리로 시작됩니다. 수넴 여자는 '귀한 여인'이라고 했는데 재력이 있다는 의미도 됩니다. 이 여자의 스토리에는 매우 특이한 점이 있습니다. 성경 전체에서 어떤 개인에게 하나님의 기적이 한 번 이상 일어난 경우는 드뭅니다. 이 여자에게는 기적이 두 번씩 일어났습니다.

수넴 여자에 대한 에피소드는 3부작으로 되어 있습니다.
1) 엘리사 선지자를 대접하고 아들의 약속을 받은 것(왕하 4:8-17)
2) 수넴 여자의 아들이 갑자기 죽고 엘리사가 다시 살리는 것(왕하 4:18-37)
3) 수넴 여자가 기근으로 7년간 블레셋으로 이주했다가 귀국하는 스토리(왕하 8:1-6).

이렇게 많은 분량으로 자세하게 기록된 것은 그만큼 중요한 교훈들이 담겨 있기 때문입니다. 이 교훈의 하나로서 수넴 여자의 스토리에서 발견할 수 있는 것이 있습니다. 그것은 '우연한 하루'가 갖는 의미입니다.

세상에는 '우연'이라는 것이 있습니다. 인과 관계가 없는데도 일어나는 일을 우연이라고 말합니다. 우리는 우연히 알게 되는 사실이 있고 우연히 생각나는 것이 있습니다. 우리는 사전 계획이 없었는데도 우연히 사람을 만나기도 합니다. 예를 들어, 10년 전의 친구를 우연히 어디서 만났다든지 하는 일들은 우리의 일상생활 속에서 가끔 경험할 수 있습니다. 성경에도 이와 비슷한 예들이 있습니다. 적군 한 사람이 무심코 활을 당긴 것이 공교롭게도 아합 왕의 갑옷 솔기 사이를 관통하여 죽게 하였습니다(왕상 22:34). 룻은 이삭을 줍다가 우연히 보아스에게 속한 밭으로 가게 되어 나중에 보아스와 결혼하였습니다(룻 2:3). 에스더서는 우연으로 짜인 스토리라고 해도 과언이 아닐 정도입니다. 등장인물로 나오는 모르드개, 하만, 에스더 및 기타 유대인들의 운명이 우연한 사건들 때문에 역전되고 반전되는 것을 봅니다.

세상에서 우연한 일들은 일어납니다. 사실상 수넴 여자가 나중에 이스라엘의 왕궁에서 게하시를 만난 것도 우연한 일이었습니다. 그런데 우리가 우연이라고 생각하는 것은 하나님의 섭리의 결과일 수 있습니다. 수넴 여자에 대한 오늘의 본문에서 한 가지 우리의 시선을 끄는 대목이 있습니다. 그것은 '하루'라는 표현입니다. 8절을 보십시오.

"하루는 엘리사가 수넴에 이르렀더니…"

11절에서도 '하루'가 나옵니다.

"하루는 엘리사가 거기에 이르러 그 방에 들어가 누웠더니"

이것은 문장적인 스타일이기보다는 본사건 뒤에 하나님의 섭리가 작용하고 있다는 암시입니다. '하루'는 특별하지 않습니다. 날마다 '하루'가 되기 때문입니다. 그러나 하나님의 섭리 안에서 '하루는' 보통 날이 아니고 특정한 이벤트가 일어나는 '여호와의 날'입니다.

어느 '하루' 엘리사 선지자가 수넴이라는 곳을 지나가게 되었습니다. 수넴 여자는 그에게 음식을 대접하였습니다. 이 하루는 그녀의 삶에 커다란 변화를 일으킨 날이었습니다. 엘리사는 수넴 마을을 어느 날 지나게 되었고 수넴 여자는 그를 우연히 만났습니다. 서로 만나자고 약속을 한 것도 아니었습니다. 수넴 여자는 엘리사가 언제 자기 마을을 지나게 될지 몰랐습니다. 그래서 그 '하루는' 우연한 만남이었을지 몰라도, 앞으로 전개되는 두 사람 사이의 스토리에서 보면 하나님의 섭리가 배경에 깔린 특별한 '여호와의 날'이었습니다.

: 수넴 여자는 엘리사의 필요를 공급하였습니다.

수넴 여자는 하나님을 사랑하는 경건한 성도였습니다. 그녀는 엘리사가 자기 마을에 도착한 것을 보고 그냥 선지자가 지나간다고 하는 정도로 무관심하게 대하지 않았습니다. 그녀는 그를 위해서 무엇을 할 수 있는지를 생각해 보았습니다. 쉽게 떠올릴 수 있는 아이디어는 자기 집이 넉넉하므로 식사를 제공할 수 있다는 것이었습니다.

주님을 섬기고 싶어서 기회를 기다리는 자들에게는 평범한 '하루'가 하나님을 기쁘게 해 드리는 '특별한 날'이 될 수 있습니다. 주님을 섬기려면 현재 내가 할 수 있는 작은 일부터 시작해야 합니다. 기회가 없다고 투덜대거나 무슨 큰일을 할 기회만 기다릴 것이 아니고 작은 기회들이 왔을 때 이를 알아보고 붙잡을 수 있어야 합니다.

하나님이 보내시는 엘리사들은 때때로 우리 앞을 지나갑니다. 그러므로 깨어서 눈을 뜨고 살펴보아야 합니다. 하나님이 내게 무슨 섬김의 기회를 주실지 모르기 때문입니다. 하나님을 섬길 기회를 기대하며 기다리는 자들에게는 엘리사가 눈에 들어옵니다. 수넴 여자는 그런 자세로 살았기 때문에 엘리사가 왔을 때 주님을 섬길 기회로 알고 이를 붙잡을 수 있었습니다. 그 결과가 무엇입니까? 수넴 여자는 당시 이스라엘의 최대 선지자였던 엘리사를 자기 집에 모시는 영광스런 특권을 누렸습니다.

[하나님을 어떤 자세로 섬겨야 합니까?]

하나님을 즉흥적인 기분으로 섬기지 말아야 합니다. 수넴 여자는 엘리사 선지자를 보니까 어쩐지 식사 대접을 한 번 해 드리고 싶어서 그냥 즉석에서 결정한 것이 아니었습니다. 그녀는 엘리사가 수넴 마을을 지나갈 때마다 식사를 올렸습니다. 이것은 무엇을 의미합니까? 엘리사의 사역이 하나님의 일이라는 것을 알고서 그 일에 자신도 동참하여 작은 도움이나마 주기를 원했다는 뜻입니다. 하나님의 사역에 정말 관심이 있는 것 하고, 그냥 사람 얼굴 보고 혹은 그 사람 이름 때문에 기분에 따라 식사 한 끼 대접하고 끝나는 것과는 다릅니다. 하나님께서는 즉흥적인 대접을 원치 않으십니다. 우리는 주님을 섬기되 작정을 하고 꾸준히 섬겨야 합니다.

하나님께서 어떤 사람들에게 은혜를 베푸신다고 생각하십니까? 자신의 의무의 한계를 넘어가는 자들에게 큰 은혜를 베푸십니다. 한두 번 동정심에서 혹은 일시적인 기분에서 선을 행하는 것이 아니고, 의무나 체면의 한계를 넘어가는 희생과 사랑을 꾸준히 보이는 자들을 주께서 기억하시고 갚아 주십니다.

그런데 이것을 목사 대접 잘해야 복 받는다는 식으로 갖다 붙이면 안 됩니다. 당시의 선지자들은 대부분 자선의 대상이었습니다. 고정 수입이 없었고 백성이 자원해서 주는 것으로 살아야 했습니다. 지금은 형편이 아주 다릅니다. 대부분 사역자는 사례비를 받습니다. 물론 경제적인 도움을 받아야 할 가난한 목회자들도 있습니다. 본문이 주는 교훈은 하나님의 일을 하지만 경제적으로 어렵게 살아야 하는 자들을 돕는 것을 말하는 것입니다. 본 스토리를 유독 목사에게 제한해서 의도적으로 적용하는 것은 거짓 교사들이 자기 배를 채우기 위해서 하는 짓입니다. 유감스럽게도 이런 일들이 실제로 있기에 유치한 간증 스토리들이 돌아다닙니다.

「어떤 여 집사님이 사업이 망했는데 양복 한 벌 사 줄 돈만 남았었데요. 그래서 그 돈으로 눈 딱 감고 목사님 양복을 사드렸더니 금방 일이 잘 풀리더래요.」하는 식의 이야기 말입니다.

어떤 목사님이 이렇게 설교하는 것을 들은 적이 있습니다.

「성도 여러분, 목사님들과 가까이 지내시고 잘 대접하세요. 그래야 목사님들이 눈을 감고 기도할 때에 자기와 가까운 성도들이 떠올라서 기도 한 번이라도 더 해 주지 않겠습니까?」이것을 복 받는 비결의 하나라고 강조하였습니다.

교회에서는 이런 간증이나 가르침이 절대로 허용되어서는 안 됩니다. 목사 대접해야 복 받는다는 말의 의도가 무엇입니까? 고생 안 하고 대접만 받으면서 잘 살겠다는 뜻입니다. 사도 바울은 교회를 많이 개척하고 숱한 고생을 했지만 그런 속 드려다 보이는 소리를 하고 다니지 않았습니다. 또 신자가 그런 가르침에 귀가 솔깃해서 이기적인 동기로 목사를 대접하는 것이라면 피차 이용하겠다는 것밖에 안 됩니다. 그럼 목사 대접 못 하는 분들은 복 받지 못한다는 말인가요?

엘리사는 식사 대접을 하겠다는 수넴 여자의 제안을 자신의 권리인 양 당연하게 받지 않았습니다. 그는 오히려 극구 사양하였습니다. 그래서 수넴 여자는 간절히 여러 번 권해야 했습니다. 그녀는 엘리사에게 꾸준히 식사를 대접하였고 나중에는 방까지 별도로 마련해 주었습니다. 우리에게 이런 순수한 열심이 필요합니다. 하나님을 섬기고 싶은 자들은 자신이 할 수 있는 봉사를 쉽게 포기하지 말아야 하고 이기적인 동기를 내던지고 최선의 성의를 끝까지 보여야 합니다. 하나님은 그런 자들의 선행을 기뻐하십니다.

예수님은 엠마오의 두 제자와 떨어져서 "더 가려 하는 것 같이" 보였습니다(눅 24:27). 그래서 두 제자는 예수님을 "강권하여 이르되 우리와 함께 유하사이다"(눅 24:29)라고 적극적으로 청하였습니다. 하나님께서는 우리가 주를 섬기는 일에서 적극적이고 진지하기를 원하십니다. 주님은 우리의 진지함을 달아 보기 위해서 종종 '더 가려' 하십니다.' 그때 우리는 주님을 꼭 붙잡아야 합니다. 미온적이거나 진지하지 않으면 주님은 우리를 떼어 놓고 홀로 더 가실지 모릅니다. 그럼 어떻게 되겠습니까? 주님이 주시려는 놀라운 축복들을 놓치고 맙니다.

진지함은 섬김에 필수 요소입니다. 입만으로는 안 됩니다. 우리 중에는 주의 일에 동참하겠다고 약속하고서 헤어지면 연락 한 번 없는 자들도 있습니다. 그저 헌금 한 번 하고 그것으로 끝나는 사람도 적지 않습니다. 체면상 한두 번 주의 일에 관심을 보이는 듯하다가 시간이 조금만 지나면 흐지부지해 버립니다. 하나님을 사랑하고 주의 일에 관심이 많은 듯이 말하고서 용두사미가 되는 일은 자주 있는 일입니다.

수넴 여자의 후원은 진지하였습니다. 단순한 충동적인 선행이 아니었습니다. 그녀는 어떤 세상적인 유익을 바라고 엘리사 선지자를 후원한 것도 아니었습니다. 선지자니까 축복 기도를 받거나 무엇을 물어보려는 의도에서 그에게 식사를 먼저 대접한 것도 아니었습니다. '목회자 대접하면 복 받는다더라'고 하니까 정말 그런지 시험해 보려고 한 것도 아니었습니다. 그녀는 엘리사에게 아무것도 부탁하지 않았습니다. 수넴 여자의 동기는 전혀 불순하지 않았습니다. 그녀는 대접받기를 사양하는 엘리사 선지자를 강권하여 결국 모시게 되었습니다. 그리고 그것으로 끝난 것이 아니고 오랫동안 엘리사와 교제하며 순수한 마음으로 하나님을 꾸준히 섬겼습니다.

이런 사람들은 정말 '귀한'(4:8) 성도들입니다. 돈이 있으면 선한 목적으로 쓸 줄을 알아야 하고, 좋은 관심이 있으면 그런 관심을 드러내 보일 줄 알아야 합니다. 하나님은 그런 성도들에게 복을 내리시려고 기다리시는 분입니다. 왜 그렇게 하실까요? 그런 성도들은 주님의 성품을 닮았기 때문입니다. 주님이 우리를 어떻게 대하십니까? 기분 따라 대하십니까? 아닙니다. 신실하게 대하십니다. 그래서 '신실하신 하나님'이라고 부르지 않습니까? 주님께서 우리의 형편에 따라 좋아하셨다가 싫어하셨다가 하십니까? 아닙니다. 우리를 꾸준히 변함없이 사랑하십니다. 하나님께서는 꾸준한 사랑으로 자신의 의무에 한계를 넘어가는 자들에게 후하게 갚아 주십니다. 한두 번 동정심에서 혹은 즉흥적인 기분에서 선을 행하는 것이 아니고, 의무나 체면의 한계를 넘어가는 희생과 사랑을 꾸준히 보이는 진지하고 순수한 자들을 주께서 기억하시고 은혜를 베푸십니다. 그래서 바울은 "우리 주 예수 그리스도를 변함없이 사랑하는 모든 자에게 은혜가 있을지어다"(엡 6:24)라고 축도하였습니다.

: 엘리사는 수넴 여자에게
   보상하기를 원했습니다.

'네가 이같이 우리를 위하여 세심한 배려를 하는도다'(왕하 4:13).

엘리사는 수넴 여자의 봉사를 매우 고맙게 여겼습니다. 그는 하나님께서 그녀를 통하여 고달픈 선지자의 생활을 도우신다고 믿고 깊이 감사했을 것입니다. 수넴 여자는 엘리사뿐만이 아니고 그를 수종 드는 게하시까지 함께 '세심한 배려'를 하며 모셨습니다. 이것은 우리에게 좋은 모범과 도전이 됩니다. 우리가 하나님의 일에 무관심한 적이 얼마나 많습니까? 큰 은혜를 받고도 이기적으로 자기 것만 챙기고 하나님을 생각하지 않는 경우가 늘 있다고 해도 과언이 아닐 것입니다.

당시의 선지자들에게는 정기 수입이 없었기에 전적으로 백성의 자선에 의지해야 했습니다. 이렇게 사는 자들에게는 한 그릇의 식사 대접을 받는 것도 크나큰 감사의 소재가 됩니다. 작은 일이라도 주님을 기쁘게 해 드리는 것이라면 놓치지 않겠다는 결의가 필요합니다. 수넴 여자는 엘리사를 자기 집에 모시고 손수 음식을 장만하여 올렸습니다. 얼마나 즐겁고 보람된 일입니까? 이것은 그저 밥 한 그릇 대접했다고 생각하면 별것 아닐지 모릅니다. 그러나 당시의 상황을 생각하면 매우 중요한 섬김이었습니다.

예수님은 예루살렘 성전이라는 공식 종교 기관이 인정하는 사역자가 아니었습니다. 그래서 아무 수입이 없었습니다. 누가 식사를 대접하면 드시고 안 그러면 식사를 걸러야 했습니다. 한번은 너무 시장하셔서 무화과나무에 혹시 열매가 달렸을까 해서 가까이 가 보신 적도 있었습니다(막 11:12-14). 우리는 이 사건을 당시의 예루살렘 종교의 열매 없는 현실에 대한 하나의 비유라고 여기고 그냥 지나칠 수 있습니다. 열매 없는 무화과나무를 저주하셔서 말라 죽게 하신 것은 심판의 메시지입니다. 그러나 영적 가르침을 위한 비유 이전에 예수님 자신이 정말 식사를 못 하셔서 몹시 굶주리셨다는 사실을 간과해서는 안 됩니다. 당시에 주님의 혜택을 받은 자들이 어찌 한두 사람이었겠습니까? 주님 덕분에 병 나은 사람이 부지기수였습니다. 주님의 기적의 빵과 생선을 받아먹었던 자들은 수천수만 명이었습니다. 주님으로부터 천국 메시지를 들은 자들도 매우 많았습니다.

그런데 주님이 식사를 못 하셔서 제철도 아닌 때에 혹시 있을지도 모르는 무화과나무 열매로 배를 채우려고 하셨다는 사실이 말이 됩니까? 놀랍게도 우리는 주님을 굶길 수 있습니다. 그래도 양심에 가책을 못 느낄 수 있습니다. 오늘날 주님을 섬기는 형제자매들이 굶주리며 사는 한, 주님은 아직도 무화과나무를 향해 걸어가십니다. 우리 앞을 지나는 오늘의 엘리사들을 그냥 지나가게 하는 한, 주님은 쉴 곳이 없습니다.

우리 주변에서도 별다른 지원이 없이 묵묵하게 하나님을 섬기는 자들이 있습니다. 주님이 보내시는 우리의 엘리사들은 식사가 필요하고 촛대가 필요하고 책상이 필요한 사람들입니다.

주님은 그를 따르는 주의 형제 중에 지극히 작은 자에게 한 것이 곧 주님께 한 것이라고 하셨습니다(마 25:31-40). 주님은 자신을 가난한 형제들과 일치시켰습니다.

내가 주님을 위해 할 수 있는 작은 일이라도 기꺼이 하겠다는 관심과 결의가 없으면 엘리사가 수넴에 도착한 그 '하루'를 놓치고 맙니다. 하나님이 보내시는 엘리사들이 우리의 수넴 마을을 지나가는지 눈을 뜨고 살펴보아야 합니다. 하나님이 주시는 축복의 기회를 기대하며 하루를 지내보십시오. 수넴 여자는 우리가 본받아야 할 모범입니다.

"하루는 엘리사가 수넴에 이르렀더니"(8절).

수넴 여자는 이 '하루'를 주님을 섬길 기회로 보았습니다. 이것은 엄청난 기회였습니다. 시골에 사는 이름 없는 한 여자가 당시에 이스라엘에서 가장 탁월한 선지자를 섬기는 기회였기 때문입니다. 사실상 수넴 여자의 스토리가 성경에 기록되는 놀라운 기회였습니다. 만약 그녀가 이 섬김의 기회를 놓쳤더라면 얼마나 많은 것을 잃었겠습니까? 하나님의 은혜는 우리가 의식하고 아는 것보다 훨씬 더 큽니다. 그녀는 자기가 후 세대에게 얼마나 큰 축복의 모델로 기억될 것인지를 몰랐습니다. 수천 년 후에 복음이 우리나라에 들어왔을 때 수넴 여자의 스토리도 함께 들어왔습니다. 지금 우리는 그녀의 스토리를 듣고 있습니다. 그녀는 당시에 이를 알지 못하였습니다. 그러나 그녀의 스토리는 온 세상에서 복음이 전파되는 곳마다 전해지고 있습니다. 하나님은 참으로 후히 갚아 주시는 분입니다.

[수넴 여자의 영성]

수넴 여자는 무엇이든지 부탁하라는 엘리사의 제안에 '나는 내 백성 중에 거주하나이다'(13절)라고 대답하였습니다. 참 멋있는 응답입니다. 얼마나 깨끗하고 얼마나 담대한 대답입니까!

이 말은 수넴 여자의 인품과 영성을 한 마디로 대변한 것입니다. 우리 같으면 귀가 번쩍 뜨였을 것입니다. 그러나 그녀는 자신이 가질 것을 다 가졌다고 생각하였습니다. 그녀는 자족하는 자였습니다. 수넴 여자는 자기가 부유하다는 것도 알았습니다. 그런데 세상의 많은 부자는 자신들이 부자라는 것을 모릅니다. 역설이지만 가난한 자들이 부자가 되려는 것이 아니고, 부자들이 언제나 더 부자가 되려고 합니다.

수넴 여자는 남편이 크게 출세할 수 있고 자신도 더 큰 부자가 될 수 있는 소원 성취의 기회를 사양하였습니다. 참 경건은 분수 이외의 삶을 원치 않습니다. 수넴 여자는 자신이 가진 것으로 만족한다는 것을 엘리사에게 분명히 고백하였습니다. 이것은 무엇을 증명합니까? 그녀가 엘리사를 대접한 목적이 세속적이고 이기적인 동기에서 행한 것이 아님을 증명한 것이었습니다. 수넴 여자는 처음에 엘리사가 식사 대접을 사양했을 때 그를 적극적으로 권유하였습니다. 이제 엘리사는 수넴 여자의 사양에 꺾이지 않고 그녀에게 줄 보상을 생각하였습니다. 엘리사는 그녀에게 자식이 없다는 사실을 알고 그녀를 다시 불러 예언하였습니다.

> '엘리사가 이르되 한 해가 지나 이 때쯤에 네가 아들을 안으리라'(4:16).

수넴 여자에게는 행복한 삶을 함께 즐길 자식이 없었습니다. 그런데도 그녀는 만족하였습니다. 이런 자세를 배워야 합니다. 몹시 가난하다면 모를까 대부분 사람은 가진 것이 절대 적지 않은데도 이를 감사하며 즐기지 못하는 것은 불행한 일입니다. 수넴 여자는 자식을 원했을 테지만 그것 때문에 그녀는 한(恨)을 품고 날마다 넋두리를 하면서 괴로워하지 않았습니다. 만약 그런 식으로 살았다면 엘리사의 제안에 금방 자식을 달라고 했을 것입니다. 그런데 하나님께서는 우리 마음속의 깊은 소원과 열망을 아십니다. 우리가 자족하면서 겸비하게 꾸준히 주를 섬기면 삶이 바뀌는 섭리의 하루가 올 수 있습니다.

하나님께서는 수넴 여자가 엘리사에게 베푼 친절한 배려에 대해서 가장 좋은 선물로 갚아 주셨습니다. 예수님은 물 한 잔의 친절도 갚아 주신다고 약속하셨습니다.

> "누구든지 너희가 그리스도에게 속한 자라 하여 물 한 그
> 릇이라도 주면 내가 진실로 너희에게 이르노니 그가 결코
> 상을 잃지 않으리라"(막 9:41).

자식에 대한 하나님의 놀라운 약속이 때가 되어 수넴 여자에게 성취되었습니다(왕하 4:17). 이로써 수넴 여자는 이삭을 낳은 사라와, 사무엘을 낳은 한나와, 삼손을 낳은 마노아의 아내와 함께 아들을 기적의 선물로 받은 자로 알려지게 되었습니다.

하나님은 얼마나 후하신 분입니까? 불임이었던 여자가 아들을 얻었습니다. 당시에는 자식이 없는 것은 저주였고 하나님의 눈에서 벗어난 자로 여겼습니다. 그래도 수넴 여자는 하나님께 유감을 품지 않고 하나님의 선지자를 정성으로 모셨습니다. 아들을 낳자 그녀의 수치는 일순간에 다 사라졌습니다. 그녀의 삶에 넘치는 기쁨이 찾아 왔습니다.

수넴 여자는 달라고 하지도 않았는데 초자연적인 축복을 받았습니다. 하나님께서는 신실한 봉사에 보상하기를 원하십니

다. 하나님은 누구에게도 빚을 지신 것이 없습니다. 세상 모든 것이 하나님의 것인데 누가 감히 창조주 하나님께 빚을 지울 수 있단 말입니까? 그런데도 하나님은 수넴 여자가 엘리사 선지자에게 베푼 친절을 마치 갚으셔야 할 빚으로 여기시고 크게 보상하셨습니다.

그렇다면 우리가 이런 은혜의 보상을 받지 못하는 까닭이 무엇입니까? 그것은 우리의 섬김이 지극히 일시적이고 이기적이며 성의가 없기 때문입니다. 하나님께서는 게으르지 아니하고 꾸준한 믿음과 오래 참음으로 주님을 위해 무엇인가 기여하는 자들에게 유업의 상을 내리십니다(히 6:12). 수넴 여자 집은 기쁨으로 넘쳤습니다. 없던 자식을 얻었을 뿐만 아니라 그 아이로 인해서 오는 기쁨까지 하나님이 주시는 축복에 포함되었습니다.

[아이를 받은 것은 무엇을 의미합니까?]

첫째, 우리가 하나님을 진지하고 꾸준하게 섬기면서 가진 것으로 자족하는 자세를 가지면 비록 우리가 사양하여도 하나님께서 우리에게 정말 필요한 것을 다 아시고 주권적으로 복을 내려 주신다는 것입니다.

둘째, 하나님께서는 우리가 참 마음으로 의무와 체면의 한계를 넘어서 주님을 섬길 때 후한 은혜를 베푸신다는 것입니다.

셋째, 하나님을 이기적인 동기나 형식적인 봉사가 아닌, 참 사랑으로 섬기는 자들에게는 하나님의 은혜를 간증할 수 있는 커다란 소재를 받는다는 것입니다.

기회가 없다고 불평하는 자들이 많습니다. 그러나 기회가 없기보다는 하나님의 일에 진정한 관심과 흥미가 없을 뿐입니다. 하나님께 헌신이 되어 있으면 영적 시야가 밝아져서 여기저기에서 섬김의 기회를 보게 됩니다. 작은 기회처럼 보여도 좋은 청지기가 되면 수넴 여자처럼 더 크고 많은 기회를 받게 될 것입니다. 수넴 여자는 엘리사를 대접하였는데 오는 여러 세대에게 교훈과 모범이 되도록 성경에 기록되었습니다. 그녀는 사후에도 계속해서 주님의 나라를 섬기고 있는 셈입니다.

'하루는' 평범한 나날일지 모릅니다. 그러나 하나님을 위해서 살기를 원하는 자들에게는 평범한 하루가 자신의 일생에서 가장 가치 있는 봉사를 할 수 있는 섭리의 하루가 될 수 있습니다. 그리고 참마음으로 꾸준히 자신이 할 수 있는 일로 주님을 섬겨 나가는 '하루하루'는 하나님의 넘치는 후한 보상의 은혜를 체험하는 또 다른 섭리의 하루로 연결될 때가 옵니다.

'하루'는 엘리사가 수넴에 이르렀습니다. 그 하루는 수넴 여자가 위대한 하나님의 사람을 자기 집에 모시게 되는 영광스런 날이 되었습니다. 그리고 또 '하루'가 왔습니다. 그 날에 엘리사는 수넴 여자가 마련한 방으로 들어와서 수넴 여자를 부르고 기적의 아들을 갖게 될 것이라고 선포하였습니다.

우리의 '하루'를 주님을 섬기려는 마음으로 기다리며 바라보십시오. 그런 자들은 하나님의 놀라운 축복이 선포되는 또 다른 '하루'를 맞이하게 될 것입니다. 평범한 하루가 하나님의 놀라운 섭리로 나의 영적 삶에 큰 축복이 되게 하십시오. 오늘 하루가 여호와께 속한 섭리의 하루가 되도록 우리 모두 깨어 있어야 하겠습니다. 그런 자들에게 주님은 내가 할 수 있는 일을 보게 하시고 나의 따뜻한 손길이 필요한 자들을 보내 주십니다. 그리고 그런 봉사와 사랑의 삶을 통해서 나에게도 복이 내리게 하십니다. 이것이 하나님의 나라가 이루어지고 우리에게 복이 부어지는 원리입니다.

10장
누가 죽은 자를 살리는가?

열왕기하 4:18~37

Elisha 엘리사

"그 아이가 자라매 하루는 추수꾼들에게 나가서 그의 아버지에게 이르렀더니 그의 아버지에게 이르되 내 머리야 내 머리야 하는지라 그 아버지가 사환에게 말하여 그의 어머니에게로 데려가라 하매 곧 어머니에게로 데려갔더니 낮까지 어머니의 무릎에 앉아 있다가 죽은지라"(왕하 4:18-20)

엘리사는 자신이 거처하는 갈멜 산으로 수넴 여자가 나귀를 속히 몰고 올라오는 것을 보았습니다. 그녀의 뜻밖의 방문은 무엇인가 심상치 않아 보였습니다. 수넴 여자는 급히 엘리사의 발을 끌어안았습니다. 엘리사는 수넴 여자의 고통을 짐작하였습니다. 그러나 다른 사람의 고통에 무디고 무정한 게하시는 수넴 여자를 물리치려고 하였습니다. 수넴 여자는 게하시가 엘리사와 함께 그녀의 집을 방문할 때마다 숙식을 제공하였습니다. 게하시는 수넴 여자에게 큰 신세를 졌지만 절박한 문제로 갈멜 산까지 엘리사를 찾아온 수넴 여자를 냉정하게 처리할 셈이었습니다. 그는 자신이 엘리사의 시종이 된 것을 엄청 큰 벼슬이라도 한 듯이 거만하게 굴었습니다. 그는 아마 수넴 여자의 집에서 극진한 대우를 받은 것도 당연하게 여겼을 것입니다. 엘리사와 같은 훌륭한 선지자에게 이런 종이 있다는 것은 이해하기 힘듭니다. 그러나 우리는 게하시에게서 중요한 영적 교훈을 배울 수 있습니다.

: 경건한 자에게도 비극은 예고 없이 일어납니다.

"그 아이가 자라매 하루는…"(14절)

'하루'의 변수 속에서 인생의 비극이 느닷없이 찾아왔습니다. 이 '하루'는 수넴 여자의 삶이 벼랑으로 곤두박질하는 때였습니다. 그녀는 갑자기 숨이 끊어진 아들로 인해 깊은 고통으로 부르짖었습니다. 그러나 하나님께서는 우리의 마음이 칼로 베듯 아프고 소금을 치듯 고통스러울 때 터져 나오는 단말마적인 비탄을 굳이 반박하시지 않습니다. 아이가 부모에게 눈물을 글썽이며 항의할 때 부모가 아무 말 없이 아이를 포용하는 것과 같습니다. 주님은 우리가 주님의 발을 끌어안고 애통해하는 모든 사연을 온유한 가슴으로 품어 주십니다. 주님은 우리의 원망을 못들은 체하시고 애절한 소원에 귀를 기울이십니다. 게하시처럼 절차를 따지고 권위를 내세우시지 않습니다. 게하시는 자기 주인의 체면과 품위를 더 중시하였습니다. 그러나 우리는 예수님의 못 박힌 발을 끌어안고 우리의 고통스러운 사연들을 얼마든지 하소연할 수 있습니다. 주님은 우리를 게하시처럼 물리치시는 분이 아니기 때문입니다.

"백성들아 시시로 그를 의지하고 그의 앞에 마음을 토하라 하나님은 우리의 피난처시로다"(시 62:8).

수넴 여자가 고통받는 모습을 본 엘리사는 어떻게 도와야 할 줄을 모르고 자신의 한계를 고백하였습니다.

"하나님의 사람이 이르되 가만 두라 그의 영혼이 괴로워하지마는 여호와께서는 내게 숨기시고 이르지 아니하셨도다"(27절).

　요즘은 사역자 대부분이 학위를 소유하고 있습니다. 그 자체가 문제 될 것이 없습니다. 그런데 성경도 하나님도 잘 안다고 생각하는 사람들이 많지만 솔직하게 '잘 모른다'고 고백하는 사람들은 적습니다. 그러나 위대한 엘리사 선지자도 하나님의 계시를 받지 못했을 때 수넴 여자의 문제에 대해서 아무것도 모른다고 실토하였습니다. 우리는 모른다고 하면 권위가 떨어지는 것으로 생각합니다. 그러나 하나님 앞에서는 모른다고 해야 인정을 받습니다. 사도 바울도 "오 깊도다 하나님의 지혜와 지식의 풍성함이여, 그의 판단은 헤아리지 못할 것이며 그의 길은 찾지 못할 것이로다"(롬 11:33)고 고백하였습니다. 하나님께서는 이런 고백을 하는 사람들을 통하여 죽은 자들을 살리십니다. 교회의 한 문제는 잘난 사람이 적어서가 아니고 자신을 낮출 줄 아는 사람이 적은 것입니다.

　　: 교회에는 권위의 지팡이와 지식의 지팡이를
　　　가진 자들이 많습니다.

　높은 자리에 앉은 자들이 가진 권위와 지식의 지팡이는 죽은 자들의 얼굴에 닿아도 아무런 능력이 나타나지 않습니다. 예수님에 대한 신학은 있어도, 예수님의 이름으로 귀신을 쫓아내는 능력은 없습니다. 복음을 믿는다고는 하지만 복음의 능력에 굴복하는 자들은 적습니다. 하나님께서 어떤 사람들을 통해서 죽은 자들을 일으키십니까? 낮은 교회와 겸비한 성도들을 통해서 죽은 자들을 소생시키십니다.

로마 교황이 어떤 유명한 신학자에게 바티칸의 성 베드로 성당을 보여주면서 말했다는 일화가 있습니다.

교황: 『이제 교회가 더는 '은과 금은 내게 없거니와' 라는 말을 할 수 없게 되었답니다.』

신학자: 『과연 그렇군요. 그런데 교회가 말할 수 없는 것은 그것만이 아니지요. 교회는 이제 '나사렛 예수의 이름으로 일어나 걸으라' 는 말도 할 수 없지요.』

요즘 같으면 돈 많은 우리나라 교회들에서 어떤 답변이 나왔을까요? 아마 나사렛 예수의 이름이 없어도 '은과 금의 능력으로 일어나라' 고 하면 된다고 말할지 모릅니다!

"엘리사가 게하시에게 이르되 …내 지팡이를 그 아이 얼굴에 놓으라 하는지라…게하시가 그들보다 앞서 가서 지팡이를 그 아이의 얼굴에 놓았으나 소리도 없고 듣지도

아니하는지라 돌아와서 엘리사를 맞아 그에게 말하여 아이가 깨지 아니하였나이다 하니라."(4:29-31)

수넴 여자의 아들이 죽었다는 말을 들은 엘리사는 자신의 지팡이를 게하시에게 주면서 오직 한 걸음의 자세로 속히 가서 죽은 아이의 얼굴에 지팡이를 놓으라고 하였습니다. 그는 엘리사의 지시대로 하였습니다. 그러나 아이가 살아나지 않았습니다. 그 이유가 무엇일까요? 본문은 낱낱이 설명하지 않습니다. 그러나 두 가지 측면에서 넉넉히 실패 원인을 도출할 수 있습니다.

첫째, 게하시라는 인물에 대한 추후 진술에 비추어 보면, 그가 매우 비영적인 사람인 것을 알 수 있습니다. 그는 나중에 나아만 장군에게 엘리사 선지자의 이름을 팔면서 거짓말을 하고 돈과 물품을 받아냈습니다. 아마 수넴 여자가 처음부터 그에게 돈을 찔러 주었다면 게하시는 그녀를 엘리사로부터 야박하게 떼어놓지 않고 태도를 바꾸었을 것입니다.

둘째, 엘리사 자신이 죽은 아이의 회생을 위해서 어떻게 했는지를 비교해 보면 그의 실패 원인을 충분히 파악할 수 있습니다. 게하시는 하나님의 능력을 믿은 것이 아니고 엘리사의 지팡이를 믿었습니다. 그는 엘리사 선지자의 지팡이 자체에 무슨 능력이 있다고 믿었습니다. 인간은 실체보다는 상징에 집착하는 경향이 있습니다. 그러나 상징을 믿는다고 하나님의 능력을 체험할 수 있는 것은 아닙니다. 우리가 사람이 만든 십자가를 믿는다고 해서 무슨 신령한 체험을 하는 것이 아니듯이 말입니다. 십자가는 예수를 믿지 않아도 장식품으로 목에 걸고 다닐 수 있습니다. 게하시는 분명 엘리사 선지자의 지팡이만 얼굴에 갖다 대면 죽은 아이가 벌떡 일어날 것으로 기대했을 것입니다. 그는 엘리사가 지시한 절차를 다 밟았지만 아무 일도 일어나지 않았습니다. 우리는 그의 반응을 주목할 필요가 있습니다.

그는 곧 실망하고 엘리사에게 그대로 보고한 후 손을 떼었습니다. 그는 너무도 사무적이었습니다. 그가 엘리사에게 보고한 말투를 보면 공연히 헛수고만 하게 했다고 엘리사를 원망하는 눈치입니다. 효험도 없는 지팡이를 가지고 가면서 아는 사람을 만나도 인사도 못하고 급히 갔다가 빈손으로 되돌아왔다는 식입니다. 그는 죽은 아이에 대해서도 아무런 동정심을 보이지 않았습니다. 그는 아이의 죽음을 두고 하나님께 기도하지도 않았습니다.

그는 단순히 엘리사의 지팡이만 믿었습니다. 그는 지팡이의 상징적인 권위에만 의존했을 뿐입니다. 그에게는 엘리사의 믿음이 없었고 하나님께 대한 신뢰가 없었습니다. 그는 여호와의 이름을 부르며 하나님의 전능하신 능력과 자비에 전적으로 의지할 마음이 없었습니다. 그냥 하라는 대로 해 보고 안 되면 그만이라는 식이었습니다.

[게하시의 실패가 주는 교훈은 무엇입니까?]

능력의 원천이신 하나님과 멀리 떨어져서 사는 자가 상징에 불과한 지팡이만 믿고 불가능에 도전하는 일이 얼마나 무익하고 어리석은 짓인지를 가르쳐 줍니다. 게하시는 엘리사의 지팡이를 가지고 죽음의 방으로 들어갔습니다. 그는 엘리사의 지팡이를 손에 쥐었을 때 자신의 중요성에 대한 자만심으로 가득했을 것입니다. 그러나 게하시의 영혼은 죽어 있었습니다. 그에게는 주님의 능력에 연결되는 믿음이 없었습니다.

그래서 그의 손에 잡힌 지팡이는 능력의 상징이었지만, 사실은 죽은 지팡이였습니다. 그가 엘리사의 지팡이를 아이의 얼굴에 놓았지만 아무 일도 일어나지 않은 것은 전혀 이상한 일이 아니었습니다. 만약 게하시를 통해 아이가 살아나는 기적이 발생했다면 어떻게 되었을까요? 그는 당장 엘리사에게 가서 앞으로는 자기가 기적의 사역을 맡을 테니까 엘리사 선지자는 뒤로 물러서라고 했을지 모릅니다. 이스라엘 역사에서 권위의 상징에 의존해서 하나님의 일을 하려고 시도한 것은 이번이 처음이 아니었습니다.

✽ 출애굽 세대에 이스라엘에는 지휘관들이 많았습니다. 그러나 특권만 누리면서 모세와 아론을 원망하던 자들의 지팡이를 하나님께서 시험하셨을 때 아무 일도 일어나지 않았습니다. 오직 아론의 지팡이에서만 싹이 나고 열매가 달렸습니다(민 17:5-8). 권위의 상징들은 그 상징이 대변하는 실체가 없으면 생명의 능력이 없습니다. 게하시는 비록 엘리사의 권위를 상징하는 지팡이를 손에 잡았지만 수넴 여자의 죽은 아이를 살리지 못하였습니다. 우리의 지팡이에는 생명의 싹이 나 있습니까?

✽ 사무엘 시대에 이스라엘은 블레셋과의 전쟁에서 패하자, 법궤를 들고 다시 나갔습니다. 이들은 법궤를 미신처럼 믿었습니다. 그 결과는 무엇이었습니까? 철저한 패전이었습니다. 하나님을 순종하지 않으면서 하나님의 계명을 담은 법궤를 앞세우고 나간다고 해서 승리할 리가 없었습니다. 법궤를 맡았던 엘리 선지자의 두 아들이 죽었습니다. 엘리도 법궤가 적군에게 빼앗겼다는 말에 충격을 받고 급사하였습니다.

✽ 예수님 시대에도 마찬가지였습니다. 예루살렘 성전은 하나님의 임재와 능력의 상징이었습니다. 제사장들과 율법사들에게는 전통과 권위의 지팡이가 있었습니다. 그러나 그들은 죽은 자들을 한 명도 살려낼 수 없었습니다. 지금도 마찬가지입니다.

교회는 예수님의 권위를 대표합니다. 그러나 교회는 그 자체로서 생명을 줄 수 없습니다. 능력의 원천인 하나님에 대한 신뢰와 믿음이 없으면 공적인 권위나 상징만으로는 죽은 자가 깨어나지 않습니다.

안수만 받고 목사가 되면 영적 사역을 할 수 있는 능력을 받는다고 생각하는 분들이 있습니다. 예수님의 이름만 대면 귀신이 물러간다고 생각하는 분들도 있습니다. 신학교만 나오면 설교의 권위가 주어진다고 생각하는 분들이 있습니다. 일류 교회에 다니면 일류 신자가 되는 것처럼 착각하는 신자들도 있습니다. 그러나 하나님에 대한 산 지식이 없고, 하나님 나라에 실제로 동참하지도 않으며, 세속적인 가치관에서 벗어나지 못한 사람들에게는 생명의 능력이 드러나지 않습니다. 게하시처럼 절차를 밟고 공인을 받는다 해도 죽은 자를 일으킬 수 없습니다. 비록 위대한 선지자로부터 사명을 받았어도 무력하기는 마찬가지입니다.

교회 전통과 의식을 잘 지키면 생명이 있다고 생각하기도 합니다. 교회당 건물은 물론이고 목사의 가운부터 시작해서 강대상 치장, 찬양대, 영상 시설 등등에 많은 돈을 드려서 꾸미는 것이 거룩한 행위인 듯이 생각합니다. 그러나 예배 형식이나 분위기가 거룩함을 자아내고 영성을 일으키는 것은 아닙니다. 그리스도의 의의 옷을 입고, 주님의 성품을 닮으며, 내면을 꾸미는 일에는 관심이 없고, 어떻게 해서라도 교회의 외형적인 구색만 갖추면 될 줄로 압니다. 그래서 사람들이 모이기도 하겠지만, 복음의 능력이 드러나고 죽은 영혼이 살아난다는 보장은 없습니다. 오히려 정반대 현상이 일어나기 쉽습니다.

게하시가 받은 지팡이는 엘리사의 손에서 많은 기적을 일으키는 도구로 사용되었습니다. 그러나 게하시의 손에 들어갔을 때는 교만과 욕심의 지팡이가 되고 명예와 돈의 지팡이가 되었습니다. 구원의 진리에 대한 깨달음이 빈약하고, 하나님의 위대한 재창조의 세계에 눈이 가려지며, 성령의 인도에 어두우면 죽은 자가 살아나지 않습니다.

권의의 상징물에 관한 잘못된 생각 뒤에는 지팡이의 터치만 있으면 영적 효험이 있을 것이라는 미신적인 사고가 깔려 있습니다. 우리가 이렇게 말하면 누가 그런 식으로 예수를 믿고 교회를 하겠느냐고 반문할지 모릅니다. 그렇다면 우리 자신의 신앙생활을 살펴보십시오. 능력의 원천이신 하나님 자신을 전적으로 의존하기보다는 세속적 가치관과 재래종교의 기복 사상에 젖어 사는 경향을 부인할 수 없을 것입니다. 예를 들어 내가 세례를 받았기 때문에 당연히 천국에 들어간다고 생각할 수 있습니다. 내가 주일학교 교사를 하고 혹은 목사나 장로가 되었기 때문에 하나님이 나를 인정해 주실 것이라고 믿기도 합니다. 내가 헌금을 잘 내기 때문에 하나님이 나의 공로를 갚아주신다고 기대합니다. 목사라는 타이틀이 있으므로 다른 사람보다 기도가 더 효험이 있을 것으로 생각하기도 합니다.

본인이 신학교 다닐 때 어떤 성도 집에 초대받아 간 적이 있었습니다. 주인이 식기도를 제 친구에게 부탁하였습니다. 그런데 기도를 하려고 하는데 옆에 한 성도가 집주인을 보고 아직 저분은 목사 안수 안 받았다고 속삭였습니다. 그랬더니 주인이 하는 말이 '아니 그러면 안 되지' 하고서 목사 안수를 받고 유학을 온 다른 신학생에게 식기도를 부탁하였습니다. 나중에 제 친구 하는 말이 '이거 더러워서 빨리 목사 안수받아야지 안 되겠네' 하였습니다.

우리 현실이 그런 타이틀에 붙이는 프레미엄 때문에 실제로 엉터리 신학교라도 나와서 안수만 받으면 그것이 권위의 지팡이가 됩니다. 그러나 사람들은 그런 것을 인정해 줄지 몰라도 하나님께서는 알아주시지 않습니다. 그러므로 여호와의 이름을 불러도 죽은 자를 일으키지 못합니다. 상징적 지팡이는 그 자체로서 죽은 아이의 손가락 하나도 움직일 수 없고 단 한 번의 재채기도 나오게 할 수 없습니다.

우리는 오직 주 하나님의 능력만 의지해야 합니다. 우리는 게하시와 수넴 여자의 스토리에서 이 단순한 진리를 다시 상기할 필요가 있습니다. 게하시는 상징의 지팡이에 매달렸고 수넴 여자는 능력의 원천에 머물렀습니다. 그녀는 엘리사를 죽음의 방으로 모셔 가기 전에는 그를 떠나지 않았습니다.

"여호와께서 살아 계심과 당신의 영혼이 살아 계심을 두고 맹세하노니 내가 당신을 떠나지 아니하리이다"(왕하 4:30).

룻도 시어머니를 붙잡고 이렇게 말했습니다.

"어머니의 백성이 나의 백성이 되고 어머니의 하나님이 나의 하나님이 되시리니… 내가 죽는 일 외에 어머니를 떠나면 여호와께서 내게 벌을 내리시고 더 내리시기를 원하나이다"(룻 1:16-17).

베드로도 예수님께 고백하였습니다.

"주여 영생의 말씀이 주께 있사오니 우리가 누구에게로 가오리이까"(요 6:68).

하나님께서는 이런 사람들을 통해서 죽은 자들을 일으키십니다. 수넴 여자는 오로지 하나님의 자비와 능력에 매달렸습니다. 우리는 이 같은 굳은 신앙으로 주님의 발 앞에 엎드릴 때 기적을 체험합니다. 우리는 다른 곳에 소망이 없음을 알고 게하시의 시도를 버릴 때 무엇인가 주님을 위해 가치 있는 일을 하기 시작합니다. 하나님의 능력에 의존하지 않는 어떤 지팡이도 의존하지 말아야 합니다.

그런데 무엇을 위해 하나님께 매달려야 합니까? 우리는 무엇보다도 죽은 자식에 해당하는 것들을 놓고 간절히 구해야 합니다. 멀쩡하던 자식이 갑자기 숨이 멎는 경우가 있습니다. 늘 교회에 다녀도 영혼은 수면 상태에 빠질 수 있습니다. 교회도 죽은 뼈들의 계곡처럼 될 때가 있습니다. 이런 교회들이 과연 살아날 수 있을지 우리는 회의를 느낍니다. 교회가 생명이 없고 본질에서 벗어났다고 한탄하는 자들이 많은 시대입니다. 교회 안에서도 그런 말이 나오고 교회 밖에서도 불신자들이 그런 평가를 합니다. 그럼 어떻게 해야 할까요? 교회 사역자들은 어떻게 해야 교인들을 교회에 붙잡아 둘 수 있을지를 궁리합니다. 그래서 이런 식의 제안들이 나옵니다.

「예배가 더 컬러풀하고 드라마틱해야 한다. 교회 의식을 더 화려하고 멋있게 꾸며야 한다. 현대 감각에 맞는 찬양과 영상 프로그램이 있어야 한다. 현대인들에게 관심이 있는 건강관리, 요리강습, 기타 배우기, 영어반, 에어로빅, 요가, 스포츠 등의 실용적인 프로그램을 선교 차원에서 갖추어야 한다. 예배에 엔터테인먼트 요소가 있어야 한다. 주일 학교가 잘돼 있어야 한다. 주차장 시설이 좋아야 한다.」

현대 감각에 맞는 프로그램들이 필요할지 모릅니다. 그러나 더 중요한 것은 예수님의 감각에 맞아야 합니다. 사람의 귀보다 예수님의 귀에 좋게 들려야 하지 않겠습니까? 물론 시설이 편리하면 사람들이 더 많이 모일 것입니다. 그러나 예수님이 오셔서 편안하게 느끼셔야 합니다. 흥을 돋우는 예배이기 이전에 예수님이 즐거워하시고 받아주시는 예배라야 합니다. 크고 화려한 교회당을 짓기보다 예수님이 좋아하시는 성도들의 성품이 세워져야 합니다.

외형적인 것들은 죽은 영혼이 살아나는 일과는 아무 상관이 없습니다. 교회 갱신은 이런 외부적인 변화로 오지 않습니다. 교회의 능력은 인간의 잔재주에 달린 것이 아닙니다. 이런 것들로는 죄인의 심령이 개혁되지 않습니다. 이 모든 것들은 교회 운영에 도움이 될 수 있을지 모릅니다. 그러나 그 자체로서 죽은 자를 살릴 수 없습니다. 아무리 잘 짜이고 멋진 의식이라도, 아무리 신나는 복음송이라도, 아무리 분위기 좋은 예배라도 그 자체로서 죽은 영혼을 살리지 못합니다. 초대교회에는 그런 시설이나 프로그램이 전혀 없었습니다. 그러나 그들은 박해를 견뎠고 사랑의 삶을 살았으며 하나님께서 기뻐 받으시는 예배를 드렸습니다.

: 교회에 필요한 것은 무엇입니까?

교회는 더욱더 근본적인 문제를 다루어야 합니다. 강력한 메시지와 성령의 역사로 하나님의 임재가 느껴져야 하고, 복음으로 거듭나는 기적이 일어나야 합니다. 복음을 깨달은 감동으로 삶에 변화가 생겨야 합니다. 그리고 각자 복음의 기초가 되는 교리를 숙지하고 기본적으로 스스로 성경을 읽고 그 뜻을 짚어가면서 자신의 삶에 적용하며 하나님과 교제하는 일이 있어야 합니다. 성경을 사상적으로 이해하고 교회와 자신의 인생 문제를 성숙한 신앙의 관점에서 대처하며 해결하는 지혜와 능력이 필요합니다. 각자 하나님의 나라를 위해서 무엇인가 이바지하는 것이 있어야 하고 자신의 삶에서 하나님이 원하시는 부름의 소명이 무엇인지 알고 이에 신실해야 합니다.

교회는 아무리 재미있어도 회개가 없으면 종교 놀이에 불과합니다. 아무리 수준 높은 찬양대가 있어도 복음의 진리가 그들의 심령에서 메아리치지 않으면 노래자랑에 불과합니다. 교회는 크든지 작든지, 유명하든지 무명하든지, 시골에 있든지 도시에 있든지 오직 진리의 말씀으로 회중의 심령이 새로워지고 하나님이 어떤 분인지가 선명히 드러나야 합니다. 그것이 참 능력입니다. 이러한 영적 능력 앞에서 사람들은 잠이 깹니다. 이것이 초대교회의 부흥 비결이었습니다. 하루에 삼천 명이나 복음을 믿는 자들이 몰려온 까닭이 어디에 있었습니까? 사람들의 삶에 변화가 일어나고 그리스도의 사랑이 넘쳐 흐르며 하나님의 능력이 어떤 것인지를 누구나 볼 수 있었기 때문입니다.

우리나라 개신교는 수십 년간 종교개혁을 기념하는 행사를 해오고 있습니다. 종교개혁이 개신교를 낳았다고 하고서 종교개혁의 정신으로 살아야 한다고 강조합니다. 그런데 어쩌면 우리는 칼빈과 루터의 지팡이만 흔들고 있는지 모릅니다. 위대한 종교개혁자들의 영성과 권위는 없으면서 말씀으로 돌아가자는 구호만 외치고 있는지 모릅니다. 게하시의 손에 잡힌 지팡이는 위대한 엘리사 선지자의 지팡이였습니다. 그런데 게하시의 사역으로 죽은 자가 살아나지 못했듯이, 하나님의 영이 함께 하지 않는 권위의 상징들은 아무도 살릴 수 없는 죽은 지팡이에 불과합니다. 우리에게 진정으로 필요한 것이 있다면 교회의 돈도, 목회자의 학위도, 직분도, 의식도 아니고 하나님 자신입니다. 하나님의 권위에 의존하지 않는 인조품들은 교회를 살리지 못합니다.

: 수넴 여자에게서 배워야 할 교훈

"아이의 어머니가 이르되 여호와께서 살아 계심과 당신의 영혼이 살아 계심을 두고 맹세하노니 내가 당신을 떠나지 아니하리이다 엘리사가 이에 일어나 여인을 따라가니라"(4:30)

우리는 맹세를 하고서라도 주님을 떠나지 않겠다는 수넴 여자의 굳은 신앙의 절개를 배워야 합니다. 우리는 자칫 영적 생활에 생기를 잃고 안주하기 쉽습니다.

「내게 아이가 없었는데 낳아서 자식 없는 수치도 씻고 그동안 아이를 안아도 보고 기르는 재미도 좀 보았으니까 이 정도로 만족하자. 그동안 교회에 잘 나왔고 크게 실족한 일도 없으니까 이제 좀 느슨하게 살아 보자.」

이런 식의 안일한 생각을 하면 하나님이 주시려고 계획하신 축복을 온전한 분량으로 다 받지 못합니다. 어쩌면 우리는 그러한 축복의 언저리에서 서성거리기만 하는지 모릅니다. 우리에게는 나의 죽은 자식이 살아나는 체험이 있어야 합니다. 그러기 위해서는 게하시의 지팡이를 던져 버리고 오직 하나님의 능력만 의존하는 엘리사의 믿음으로 돌아가야 합니다. 수넴 여자의 아들이 살아난 것은 우리에게 무엇을 의미합니까? 하나님께서는 하나님 자신의 권위와 자비에 전적으로 의존하는 자들에게만 응답하신다는 사실입니다.

우리에게는 가진 것도 적고 남에게 내놓을 만한 것도 없을지 모릅니다. 그러나 우리가 세속의 습관과 부패한 가치관을 가진 게하시의 자세를 버리고 오직 우리를 사랑하사 자기 아들을 아끼지 아니하신 거룩하시고 의로우신 하나님만 의존한다면 하나님께서는 우리를 통해 영적으로 죽은 것들을 살리게 하실 것입니다. 수넴 여자의 아이처럼 우리에게도 영혼의 호흡이 멈추는 때가 있습니다. 교회도 생기보다는 냉기가 돌고 활력보다는 무기력이 지배할 때가 있습니다. 하나님의 말씀이 귀에 들어오지 않고 마음에 와 닿지 않는 때도 있습니다. 그때마다 게하시의 무정하고 무력한 자세를 버리고, 하나님의 능력과 자비에만 의존하는 수넴 여자의 자세를 본받아야 하겠습니다.

11장

흉년 중에 입증된 하나님의 돌보심

열왕기하 4:38~41

Elisha 엘리사

"엘리사가 다시 길갈에 이르니 그 땅에 흉년이 들었는데
…한 사람이 채소를 캐러 들에 나가 들포도덩굴을 따서
옷자락에 채워가지고 돌아와 썰어 국 끓이는 솥에 넣되
그들은 무엇인지 알지 못한지라" (왕하 4:38-39)

성경에는 흉년과 관련된 사건들이 많습니다. 성경의 흉년은
단순한 자연 현상 이상의 의미가 있습니다. 하나님께서는 이스
라엘 백성에게 흉년에 대해 경고를 하셨습니다. 흉년은 종종 불
순종에 대한 하나님의 심판입니다. 하나님께서는 시내 산에서

이스라엘 백성에게 상벌에 대한 교훈을 주시면서 흉년을 언급하셨습니다.

> "너희가 내게 청종하지 아니하여 이 모든 명령을 준행하지 아니하며…내 언약을 배반할진대 내가 이같이 행하리니…너희의 하늘을 철과 같게 하며 너희 땅을 놋과 같게 하리니 너희의 수고가 헛될지라 땅은 그 산물을 내지 아니하고 땅의 나무는 그 열매를 맺지 아니하리라"(레 26:15-16, 19-20; 비교. 신 28:23-24).

솔로몬도 성전 봉헌 기도에서 가뭄이 하나님의 심판임을 언급하였습니다.

> "만일 그들이 주께 범죄함으로 말미암아 하늘이 닫히고 비가 없어서 주께 벌을 받을 때에 주의 이름을 찬양하고 그들의 죄에서 떠나거든 주는 하늘에서 들으사…주의 백성에게 기업으로 주신 주의 땅에 비를 내리시옵소서"(왕 상 8:35-36).

예레미야 선지자도 가뭄이 우상숭배에 대한 하나님의 심판임을 지적하였습니다.

"네 눈을 들어 헐벗은 산을 보라 네가 행음하지 아니한 곳이 어디 있느냐…그러므로 단비가 그쳤고 늦은 비가 없어졌느니라…"(렘 3:2-3).

: 이스라엘은 흉년의 심판을 자초하였습니다.

본 항목에는 두 개의 에피소드가 나옵니다. 둘 다 흉년과 관계된 사건들입니다.

"엘리사가 다시 길갈에 이르니 그 땅에 흉년이 들었는데…"(4:38).

젖과 꿀이 흐른다고 한 약속의 땅에 흉년이 든 것 자체가 모순입니다. 이것은 하나님께서 이스라엘 백성에게 유업의 땅으로 주셨던 곳에 무엇이 크게 잘못되었음을 시사합니다. 잘못은 다름이 아니라 이스라엘 백성의 불순종과 우상 숭배였습니다. 그런데 이스라엘 백성이 여호와 하나님을 등지고 우상 숭배를 한다는 것은 하나님과 언약을 깨는 중대한 사건이었습니다. 이것은 이스라엘 백성에 대한 하나님의 선한 목적을 굴절시키는 배신이었습니다. 이스라엘이 선택된 까닭은 그들이 특별히 다른 민족들보다 우월하거나 공의를 행하기 때문이 아니었습니다

(신 9:3-6). 그들은 하나님의 세계적인 구원을 성취하기 위해서 구체적인 목적에 이바지하도록 먼저 선택된 민족이었습니다.

첫째, 하나님의 구원의 진리를 맡은 수호자가 되어야 했습니다(롬 3:2; 9:4).

둘째, 메시아가 태어나는 채널이 되기 위해서 하나님의 보호가 필요하였습니다(창 12:3; 롬 9:5).

셋째, 열국에 하나님의 영광을 드러내고 복음의 증인이 되어야 했습니다(출 19:4-6; 신 4:5-8).

이스라엘이 언약 백성으로서 선택된 목적은 다른 나라 사람들을 구원에서 제외하기 위한 것이 아니고 오히려 포함하기 위한 것이었습니다. 이스라엘이 이 목적을 잘 수행하면 국민 생활에 번영이 올 것이었습니다. 즉, 비가 철 따라 내리고 풍작을 이루며 인구가 늘어날 것이었습니다. 국가적으로는 적들을 이기고 나라가 태평하게 될 것이었습니다. 이스라엘 백성의 순종은 언약에서 약속된 많은 축복을 가져올 것이기에 이방 나라들이 섬기는 우상 신들의 무익성과 거짓됨이 드러날 것이었습니다. 사람들은 가나안의 바알 신은 농경신이기 때문에 비를 내리고 풍작을 준다고 믿었습니다. 그러나 이스라엘 백성이 하나님을 순종했을 때 비가 내리고 나라가 태평한 것을 본다면 이방 사람들은 우상 신의 허

구성을 깨닫고 여호와께로 돌아올 것이었습니다.

유감스럽게도 이스라엘 백성은 자신들이 선택받은 목적을 망각하고 오히려 우상 종교에 빠져 타락하였습니다. 이들을 여호와께로 돌이키기 위해서 엘리야와 엘리사가 하나님의 부르심을 받았습니다. 그러나 그들의 강력한 사역에도 불구하고 이스라엘에는 아직도 흉년의 심판을 자초한 죄악들이 넘치고 있었습니다. 본 항목에 실린 두 개의 기적들은 이러한 흉년 속에서 하나님이 어떻게 자기 백성을 보호하시며 돌보시는지를 말해 줍니다.

: 흉년일수록 말씀을 더 가르치고
더 배워야 합니다.

"엘리사가 다시 길갈에 이르니 그 땅에 흉년이 들었는데 선지자의 제자들이 엘리사의 앞에 앉은지라"(4:38)

이스라엘 백성은 바알 숭배에 빠졌지만 적어도 하나님께서 남겨 두신 칠천 명은 바알 앞에 무릎을 꿇지 않았습니다(왕상 19:18). 그중에는 선지자 학교의 제자들도 있었는데 그들은 바알 앞에 앉지 않고 엘리사 선지자 앞에 앉아 있었습니다. 앉아 있다는 표현은 문하생으로서 배운다는 의미입니다. 이들은 엘리사 밑에서 선지자 훈련을 받는 수련생들이었고 엘리사의 사역을 돕는 부교역자들이었습니다(왕하 2:16; 4:1; 6:1-3; 9:1-4). 이들은 엘리사의 메시지를 전달하거나(왕하 9:1-4), 혹은 자신들의 메시지를 주기도 하였습니다(왕상 20:35).

선지자 학교는 오늘날과 같은 조직적인 교육기관이 아니었습니다. 당시의 선지자 수련생들은 대부분의 현대 신학교에서처럼, 현장 경험이 없거나 설교를 잘하지 못하는 교수들로부터 학문적인 강의를 듣는 것이 아니었습니다. 이들은 신학 이론을 전달받는 것이 아니고 경험이 풍부한 선지자들로부터 직접 현장 사역의 훈련을 익혔습니다.

사무엘과 엘리야와 같은 대선지자들도 어떤 공식적인 기관에서 훈련을 받지 않았습니다. 사무엘은 엘리에게서, 엘리사는 엘리야에게서 수련을 받았습니다. 신학교가 목회자 양성소라면 현장 경험이 많고 하나님의 능력과 임재의 증거가 있는 검증된 복음 사역자들이 가르쳐야 마땅합니다. 단순히 학위를 소유한 것으로 학문적인 것만 가르칠 수 있다면 목회나 선교 현장에서 실제적인 문제를 다룰 때 별다른 도움을 주지 못합니다. 그렇다면 현대 신학교의 교육이 반드시 훌륭한 목회자나 선교사가 되는데 필수 불가결한 것은 아니라고 말할 수 있습니다. 사실상 지금도 신학 교육을 정식으로 받지 않은 사람들이 정규 신학교를 나온 사역자들보다 훨씬 더 뛰어난 경우가 있습니다. 로이드 존스, 알랜 레드파스, 윌치만 니와 같은 분들은 신학교를 다닌 적이 없었습니다.

우리는 본문에서 스승과 제자들의 자세에 대한 교훈을 배워야 합니다. 스승인 엘리사와 수련생들의 자세를 살피는 것은 목회자 양성에 좋은 길잡이가 될 수 있다고 봅니다.

엘리사의 자세

엘리사는 수넴 여자 집을 떠나 길갈로 돌아왔습니다. 그는 수넴 여자의 아들도 살렸습니다. 누군들 그런 선지자를 대접하지 않겠습니까? 그는 분명 수넴 여자의 극진한 후원을 받으면서 편안하게 머물 수 있었을 것입니다. 더구나 흉년이 들었기에 여러 곳을 다니면서 힘들게 사역할 필요가 없었을지도 모릅니다. 그러나 그는 길갈로 돌아와서 제자들과 함께 어려운 때를 함께 보냈습니다. 그는 흉년을 통해서 하나님이 말씀하시는 메시지가 무엇인지를 제자들에게 가르쳤을 것입니다. 흉년은 선지자 학교에까지 기근을 몰고 왔습니다. 그러나 엘리사는 흉년의 굶주림을 제자들과 함께 겪으면서 그들에게 하나님의 사랑과 돌보심의 능력을 체험시킬 좋은 기회로 삼았습니다. 이 같은 현장 훈련은 신학교 강의실에서는 받을 수 없습니다.

수련생들의 자세

수련생들은 "엘리사의 발 앞에" 앉아 있었습니다. 언제 엘리사의 제자들이 엘리사 앞에 앉아 있었는지를 주목하십시오. 흉년으로 굶주릴 때였습니다. 배가 고프면 먹을 것이 있는 곳으로 찾아가게 마련입니다. 선지자 학교에 양식이 떨어졌는데 누가 남아 있으려고 하겠습니까? 아무리 좋은 훈련을 받는 곳이라도 우선 배를 채워야 하지 않겠습니까? 그러나 엘리사의 제자들은 달랐습니다. 그들은 우선 엘리사가 흉년을 당한 때에 그들을 다시 찾아왔기 때문에 격려를 받았을 것입니다. 그들은 어려운 때에 하나님의 말씀을 간절히 사모하며 엘리사의 발 앞에 모여들었습니다. 이런 선지자와 제자들에게 하나님께서 얼마나 큰 은혜를 내리셨는지가 본 스토리들의 배경입니다. 하나님께서는 자기를 찾는 자들을 외면하시지 않고 풍성한 축복을 내리십니다. 하나님을 진심으로 구하고 찾는 자에게는 하늘의 보상이 기다립니다. 그런데 그 보상은 반드시 물질이나 내가 원하는 소원들이 풀리는 것이 아닐 수 있습니다.

하나님이 주시는 상은 궁극적으로는 사후 천국에서 받습니다. 그러나 하나님을 위해서 사는 자녀들에게는 현세에서부터 여러 모양으로 하나님의 축복이 내립니다. 엘리사의 제자들은 기적의 양식을 공급받았습니다. 그런데 그들은 그보다 더 필요한 것을 공급받았습니다. 그것은 곧 하나님의 말씀이었습니다. 흉년의 가뭄보다 더 무서운 것은 말씀의 가뭄입니다.

: 흉년의 원인은 영적 가뭄입니다.

이스라엘의 문제는 우상 숭배로 인해 언약에서 경고한 대로 가뭄의 형벌을 받은 것이었습니다(신 28:23-24). 그런데 문제의 핵심은 영적 가뭄이었습니다. 그들은 하나님의 가르침을 내던지고 바알 신에게 마음을 빼앗겼습니다. 그들은 바알 신이 비를 내리고 자녀를 낳게 하며 삶의 기쁨을 준다고 믿었습니다. 그러나 이것은 하나님의 말씀이 아닙니다. 율법에는 흉년은 하나님에 대한 불순종의 결과이며 풍작은 하나님의 축복의 증거라고 명시되었습니다. 모든 종류의 자연재해가 반드시 다 하나님의 진노의 형벌이라고는 볼 수 없습니다. 그러나 적어도 이스라엘 역사에서 그들의 불순종과 관련해서 언급된 자연 재앙들은 분명 하나님의 언약에 명시된 저주의 한 측면입니다.

흉년의 원인은 불순종이며 우상 숭배입니다. 다르게 표현하면 영적 가뭄이 흉년의 원인입니다. 물론 이스라엘에 하나님의 말씀이 없었다는 의미가 아닙니다. 영적 가뭄은 하나님께서 말씀을 거두어 가시기 때문에 생길 수도 있고(암 8:11), 말씀이 풍성해도 듣지 않기 때문에 생길 수도 있습니다. 당시에는 엘리야도 있었고 엘리사도 있었습니다. 그러나 백성이 선지자들의 말을 귀담아듣지 않았기 때문에 영적 기갈이 왔습니다. 엘리야 시대에 약간의 개혁이 일어났지만 오래 가지 않았고 바알 종교가 여전히 득세하며 여호와 종교의 존속을 위협하였습니다.

이스라엘에 흉년이 온 까닭이 무엇입니까? 하나님의 말씀이 가물어서가 아니고 이스라엘 백성의 영혼이 진리의 말씀으로 채워지지 않았기 때문입니다. 영적 가뭄은 영혼을 메마르게 합니다. 영혼이 기아 상태에 빠지면 몸이 아무리 풍족하게 먹어도 유익하지 않습니다. 하나님의 백성이 영적 가뭄에 시달리는 것처럼 불행한 일이 없습니다. 오늘날 교회들은 경제적으로 어려운 형편에 처한 신자들이나 교회들도 적지 않지만, 대체로 부유한 편입니다. 요즘은 옛날과 달라서 초라한 모습의 교회당은 찾아보기 힘듭니다. 일반적으로 말해서, 교인들도 과거에 비하면 훨씬 나은 편입니다. 먹을 것이 있는 것은 감사한 일입니다. 그러나 흔히 물질적인 여유 속에 영적 가뭄이 숨겨져 있기에 결코 안심할 일이 아닙니다. 그런데도 많은 신자가 영적 굶주림을 두려워하기보다는 물질적인 궁핍을 더 무서워하며 물질에 집착합니다.

하나님께서 우리의 삶을 유심히 바라보는 곳이 있다면 어떤 부분일 것 같습니까? 우리가 얼마나 많이 벌고 얼마나 여유 있게 사느냐가 아닙니다. 하나님께서는 우리가 얼마나 주님을 사모하며 그분의 가르침을 따라 섬기기를 원하는지를 살펴보십니다. 다시 말해서 우리가 영적 가뭄을 겪고 있지 않은지를 보십니다. 경건한 자들도 흉년의 영향을 받습니다. 그러나 엘리사의 제자들처럼 난경에 처하여도 하나님을 의존하려고 하는 자들에게는 적어도 말씀의 가뭄은 체험하지 않습니다.

엘리사의 제자들은 엘리사의 발아래 앉았습니다. 그들은 영적 양식이 풍성히 내리는 곳에서 하나님을 더욱 신뢰하며 살아야 한다는 교훈을 받았습니다. 엘리사의 가르침을 받는 한, 선지자 수련생들에게는 영적 가뭄은 없었습니다. 가뭄과 기근 때라도 영혼은 건강하고 풍요로울 수 있습니다. 주님의 참 백성은 어떤 의미에서 어려운 때에 하나님을 더욱 의지하기에 "가난한 자는 복이 있다"는 말씀을 깊이 체험합니다.

: 우리는 죽음의 독과 해독의 은혜가 공존하는 세상에서 삽니다.

엘리사의 제자들은 스승의 가르침을 열심히 받았고 국을 끓이라는 엘리사의 지시에 한 제자가 자원하여 국거리를 찾으러 들로 나갔습니다. 그는 들 호박을 따서 돌아왔고 이를 국 솥에 넣고 끓였습니다. 여기까지는 모든 것이 순조로웠습니다. 그러나 그다음이 문제입니다.

"이에 퍼다가 무리에게 주어 먹게 하였더니 무리가 국을 먹다가 그들이 외쳐 이르되 하나님의 사람이여 솥에 죽음의 독이 있나이다 하고 능히 먹지 못하는지라"(40절).

당시의 상황을 상상해 보십시오. 이스라엘 땅은 흉년을 겪고 있었습니다. 땅은 소산을 내지 않았습니다. 무화과나무에는 꽃이 피지 않았고 포도나무에 포도가 달리지 않았습니다. 올리브 수확도 실패였습니다. 가는 곳마다 열매가 없는 황무지였습니다. 그런 때에 한 제자가 들 호박을 잔뜩 따서 국을 끓였습니다. 제자들은 오랜만에 배불리 식사할 것으로 기대하고 기뻐했을 것입니다. 그런데 들 호박은 죽음의 독이 가득한 야생 호박이었습니다. 수련생들이 얼마나 놀라고 실망했을까요? 본 사건은 하나의 비유로 이해될 수 있습니다.

세상 음식에는 항상 죽음이 어른거립니다. 겉으로 보기에는 아무 이상이 없고 먹음직스럽습니다. 그래서 영적 가뭄을 겪는 사람들의 눈을 현혹하여 죽음의 선택을 하게 합니다. 독으로 가득 찬 세상의 큰 솥은 쉬지 않고 끓는 중입니다. 그 속에는 육신의 쾌락, 부패한 복음, 성공주의, 하나님을 싫어하는 마음, 교만, 이기적 무관심, 착취, 오용, 불의, 부정축재 등과 같은 온갖 죄악이 한데 섞여 끓고 있습니다. 영적 허기가 진 영혼들이 이 큰 솥에서 퍼낸 죄악의 국을 마시고 날마다 죽어갑니다. 독이 많은 들 호박은 흉년일수록 더 잘 자랍니다. 언제나 "옷자락에 채워가지고"(39절) 올 만큼 풍성합니다. 그러나 들 호박은 대박도 아니고 하나님의 공급도 아닙니다.

엘리사의 제자들은 국 맛을 보고 금방 독이 들었음을 알았습니다. 그래서 급히 엘리사에게 알렸습니다. 엘리사는 가루 한 줌을 솥에 넣고 다시 퍼다가 먹으라고 지시하였습니다. 그랬더니 솥의 독이 사라졌습니다. 이것은 우리에게 몇 가지 교훈을 줍니다.

첫째, 선의의 실수에 대해서 하나님께서는 관대하십니다.

독 호박을 따온 것은 분명 치명적인 실수였습니다. 우리도 하나님의 나라를 위해서 좋은 뜻으로 열심히 섬기다가 심각한 오류를 범할 수 있습니다. 우리는 왜 하나님께서 바알에게 무릎을 꿇지 않았던 충성스러운 종들을 보호하시지 않았느냐고 불평할지 모릅니다. 하나님께서는 신실한 자녀들을 악으로부터 보호하십니다. 그러나 우리가 바라는 무사형통의 방식을 기계적으로 따라야 하는 것은 아닙니다. 하나님은 들 호박을 딴 제자의 걸음을 들 호박이 없는 다른 방향으로 인도하실 수도 있었고 들 호박을 단번에 독 호박으로 알아보도록 지혜를 주실 수도 있었습니다. 그러나 하나님께서는 우리처럼 한 가지만 생각하시는 분이 아닙니다. 만일 독 호박 사건이 없었더라면 독국을 해독시키는 하나님의 능력을 체험하지 못했을 것입니다. 그뿐만 아니라 하나님께서 재앙을 복으로, 저주를 축복으로, 슬픔을 춤으로 바꾸시고 해(害)가 선이 될 때까지 역사하시는 은혜를 실감 나게 깨닫지 못했을 것입니다(창 50:20; 신 23:5; 렘 32:42; 느 13:2; 시 30:11-12).

우리는 주님을 잘 섬기려다가 실수를 할 때가 있습니다. 뜻은 좋았지만, 지혜와 경험이 부족하여 심각한 실수를 저지르기도 합니다. 최선을 다 한 일이 해로운 결과를 낳게 되면 다시 시도하고 싶지 않습니다. 그러나 주님은 우리의 실수를 관대하게 처리해 주십니다. 엘리사는 독 호박을 따왔던 그의 제자를 꾸짖지 않았습니다. 하나님은 우리의 실수까지도 선이 되도록 사용하십니다. 주님은 독으로 가득 찬 국의 독성을 한순간에 제거하시고 주님을 섬길 수 있는 에너지가 되게 하셨습니다. 주님은 위기에 우리를 능히 보호하실 수 있습니다. 한 제자의 실수는 선지자 학교의 공동체 전체를 죽음으로 몰아넣는 비극으로 끝날 수 있었습니다. 만일 그렇게 됐다면 엘리사의 선지자 훈련 사역은 수포가 되고 하나님의 일에 커다란 차질이 생겼을 것입니다. 더구나 바알 경배자들로부터 하나님께서 엘리사의 선지자 학교를 집단 독살로 폐교시켰다는 악평을 듣게 했을 것입니다. 그러나 하나님께서는 자신의 이름을 위해서 기적으로 개입하시고 한 사람도 독 호박을 먹고 죽는 일이 없게 하셨습니다.

둘째, 독국을 해독시켜 자양분의 국으로 바꾼 것은 하나님의 보호를 예시합니다.

한 줌의 가루 자체가 약효가 있거나 해독제가 된 것이 아닙니다. 그것은 하나님의 돌보심에 대한 가시적인 상징이었습니다. 주 예수의 대속을 믿는 자들은 세상의 죄와 사탄의 악영향으로부터 해독됩니다. 하나님의 나라는 죄가 용서되고 죽음이 정복된 곳입니다. 주님의 능력으로 모든 것이 새로워지고 바로잡히는 곳이며 하나님의 자비와 권능이 드러나는 곳입니다. 십자가의 승리가 세상의 큰 솥에서 끓고 있는 여러 종류의 죄의 독에서 우리를 해독시키고 영적 건강을 되찾게 합니다.

우리는 예수님의 부활 생명으로 삽니다. 하나님의 은혜로 가루 한 움큼이 내 독국에 뿌려지면 나의 그릇된 삶에서 풀려나고 하나님을 위한 새로운 영적 에너지를 공급받습니다. 하나님에 대한 신뢰가 깊어지며 삶의 생기를 되찾습니다. 물론 우리는 독성을 품은 들 호박의 유혹도 다시 받습니다. 그러나 그 전처럼 분별이 없거나 쉽게 넘어가지 않습니다. 때때로 침체도 오고 넘어지기도 합니다. 그러나 독 호박의 교훈을 생각하고 곧바로 정신을 차리고 일어날 수 있습니다.

하나님의 돌보심은 죽음의 독을 즉시 해독시키는 능력으로 증명됩니다. 나의 삶에서 독 호박을 따는 실수를 범한 적이 있습니까? 알지 못한 채 독 호박을 맛본 적이 있습니까? 크게 염려하지 마십시오. 다시 회생할 수 있습니다. 여리고의 독물을 정화시켰던 동일한 하나님께서 길갈의 독국도 해독시키십니다.

엘리사의 제자들은 이번 사건으로 큰 교훈을 배웠을 것입니다. 그들은 흉년으로 모든 것이 힘들었을 때라도 끝까지 하나님의 말씀을 붙들고 있었습니다. 그래서 그들은 비록 큰 실수가 있었더라도 하나님께서 그들을 인자한 사랑으로 돌보신다는 사실을 확신할 수 있었습니다. 하나님께서 우리의 몸을 보호해 주신다면 우리의 영적인 삶도 보호해 주실 것입니다. 이 세상의 삶은 각종 독풀로 가득합니다. 육신에 독이 되는 독초도 많지만, 영혼에 독이 되는 잡초들도 사방에서 자랍니다. 우리는 하나님께서 그러한 위험한 독의 유혹과 공격으로부터 보호해 주실 것을 기대하고 기도해야 합니다. 이 세상에는 죽음의 독이 널려 있습니다. 그러나 주 예수의 부활 생명도 원하는 자들에게 얼마든지 공급됩니다. 죽음의 독과 해독의 능력이 공존하는 이 세상에서 생명을 위해 진정으로 필요한 것은 주 예수 그리스도의 복음과 그분에 대한 믿음입니다.

12장

증식의 하나님

열왕기하 4:42~44

Elisha 엘리사

"한 사람이 바알 살리사에서부터 와서 처음 만든 떡 곧 보리 떡 이십 개와 또 자루에 담은 채소를 하나님의 사람에게 드린지라 그가 이르되 무리에게 주어 먹게 하라⋯ 그가 그들 앞에 주었더니 여호와께서 말씀하신 대로 먹고 남았더라"(42-44)

앞의 스토리에서는 흉년 때에 들 호박으로 끓인 국의 독이 밀가루로 해독되어 죽음의 위기를 극복하였습니다. 이것은 하나님께서 자기 백성을 돌보신다는 예시임과 동시에 하나님이 세상의 갖가지 죄와 죽음의 독성을 해독시키는 분임을 드러낸 사건입니다. 본 스토리의 강조점도 비슷합니다. 기근 때에 하나님이 '한 사람'을 통해 제공하신 보리 떡과 채소는 영적 기근의 굶주림에서 벗어나게 하는 분이 하나님이심을 예시합니다.

독국의 해독 기적과 관련해서 한 가지 우리가 참고할 교훈이 있습니다. 엘리사의 선지자 학교는 독국을 마시고 모두 죽을 뻔한 위기에서 기적으로 전원이 구출되었습니다. 이런 기적을 체험한 후라면 크게 흥분하여 앞으로는 무슨 어려움도 다 극복할 수 있을 것으로 낙관하기 쉽습니다. 그러나 현실은 그런 단편적인 체험의 신앙으로 대처하기에는 훨씬 더 냉엄합니다. 솥에서 독 호박을 넣고 끓인 국의 독이 제거되는 놀라운 기적이 일어났다고 해서 하나님께서 나라 전체에 내리신 흉년의 심판을 거두시지는 않습니다. 그것은 백성의 우상 숭배가 원인이므로 백성이 바알 신을 버리고 여호와께로 돌이키지 않는 한, 형벌의 기간은 단축되거나 취소될 수 없었습니다.

국가적인 단위의 형벌이 집행될 때에는 너도나도 할 것 없이 같은 어려움을 겪습니다. 하나님은 엘리사가 운영하는 선지자 학교 지역이라고 해서 가뭄을 막아주시지 않았습니다. 오히려 독이 가득한 야생 호박이 번성하였습니다. 그런데 하나님께서는 흉년과 독 호박이 널렸음에도 불구하고 신실한 주의 자녀들은 보호하셨습니다. 이것이 우리가 명심해야 할 교훈입니다.

하나님이 내리시는 자연 재앙의 형벌은 훌륭한 성도라고 해서 혹은 교회당이 서 있는 곳이라고 해서 특별히 예외적인 보호를 받지 않습니다. 이스라엘에 흉년은 계속되었습니다. 엘리사와 그의 제자들에게도 마찬가지였습니다. 그들의 식량난은 해소되지 않았습니다. 그러던 어느 날 한 무명의 사람이 나타나서 양식을 제공하였습니다. 하나님께서는 가뭄을 제거하시기보다는 가뭄의 환난 속에서 자기 자녀들을 위로하시고 보호하십니다.

"우리의 모든 환난 중에서 우리를 위로하사 우리로 하여 금 하나님께 받는 위로로써 모든 환난 중에 있는 자들을 능히 위로하게 하시는 이시로다"(고후 1:4).

: 흉년 때에도 하나님의 사람들은
 선한 일에 신실합니다.

물질이 부족할 때에는 인심이 박하게 마련입니다. 있어도 없다고 하고 주어도 극히 인색합니다. 그런데 바알 살리사라는 곳에서 어떤 사람이 양식을 가지고 길갈의 선지자 학교를 찾아 왔습니다. 양식의 품목은 보리 떡 이십 개와 자루에 담은 햇곡식입니다. 개역 성경에는 "자루에 담은 채소"(42절)라고 했는데 직역성경이나 새번역에서처럼 '햇곡식'(new grain' =NIV)으로 번역되어야 합니다. 이것은 흉년 때에 한 평범한 개인이 준비한 양식이기에 매우 후한 선물이었습니다. 그런데 이 선물은 '처음 만든 떡'(42절)이라서 더욱 귀합니다. 첫 수확으로 거둔 것은 하나님께 바치는 예물이었습니다(레 23:9-21; 신 18:4-5). 이 선물은 엘리사 선지자의 사역을 하나님의 참된 사역으로 인정하고 감사한다는 뜻이었습니다. 흉년임에도 불구하고 엘리사가 제자들을 열심히 가르치며 이스라엘 백성의 영적 회복을 위해 그들을 훈련하는 사역은 격려를 받아야 할 귀한 일이었습니다. 만약 이 선물을 가져온 사람이 자신만 생각했다면 구태여 멀리 엘리사 선지자의 학교로 찾아올 필요가 없었을 것입니다.

원래 첫 수확에서 거둔 열매는 제사장들에게 바쳐야 했습니다. 그러나 그는 벧엘이나 단에 있는 성소의 배도한 제사장들에게 갖다 바치지 않고 엘리사에게 첫 수확을 바쳤습니다. 하나님의 참 백성은 복음을 위해 거짓과 대항하며 고생하는 사역자들을 후원하는 일을 게을리하지 않습니다. 그들은 부패한 이스라엘의 제사장들을 섬기기보다는 하나님의 말씀을 바르게 전하는 엘리사와 그의 제자들을 후원하는 것을 마땅한 일로 여겼습니다. 오늘날에도 이스라엘의 부패한 제사장들처럼 쉬운 밥을 먹는 사역자들이 있는가 하면, 역경 속에서 힘들게 살며 복음의 진리를 신실하게 외치는 가난한 사역자들이 있습니다. 그들은 하나님께서 보내시는 바알 살리사의 사람들에 의해서 격려를 받고 후원을 받아야 할 하나님의 사람들입니다. 우리도 그들이 누구인지를 생각해 보면서 실제로 도울 수 있는 길을 찾아야 하겠습니다.

: 하나님의 공급은 적기(適期)에 옵니다.

엘리사와 제자들의 숙소에는 긴 흉년으로 양식이 바닥이 났습니다. 그때 어떤 사람이 양식을 들고 나타났습니다. 이럴 때 우리는 하나님의 사랑과 능력을 다른 때보다 훨씬 더 강하게 느낍니다. 그래서 감사의 농도도 더 짙을 수밖에 없습니다. 하나님께서는 종종 절급한 상황에서 우리의 자원이 고갈되어 아무것도 할 수 없는 최악의 순간에 도움의 손길을 뻗치십니다. 우리의 최악의 상황은 하나님이 크게 역사하실 수 있는 최선의 적기입니다.

＊ 이스라엘 백성이 오도 가도 못하고 광야에 갇혔을 때 홍해가 갈라졌습니다(출 14장).

＊ 사르밧 과부의 양식이 떨어져서 죽게 되었을 때 엘리야 선지자가 나타났습니다(왕상 17:12). 하나님께서는 엘리야를 통해

서 사르밧 과부의 밀가루 통과 기름병이 항상 채워지게 하셨습니다(왕상 17:12-16).

　＊한 제자의 미망인이 빚으로 두 아들을 잃게 되었을 때 엘리사의 도움으로 기름이 넘치게 되어 빚을 갚을 수 있었습니다(왕하 4:1-7).

　하나님의 공급은 우리의 힘이 소진되고 다른 방도가 없을 때 우리 영혼에 가장 강력한 은혜로 작용합니다. 최근에 어떤 교인에게서 들은 이야기입니다. 자신의 부친이 시골에서 목회하셨는데 생활이 무척 쪼들렸습니다. 한번은 모친이 쌀을 사 오라고 심부름을 시켰는데 딱 한 되를 사오게 하였답니다. 한 부대도 아니고 몇 킬로도 아닌 한 되였습니다. 과거에는 쌀을 되로 담아서 팔았는데 한 되만 사는 것은 가족의 하루 식량도 부족할 정도였습니다. 그렇게 가난한 살림이었는데 어느 날 문 앞에 누가 쌀 한 부대와 고등어 몇 마리를 놓고 갔습니다. 그때 얼마나 감사했는지 모른답니다. 이 이야기를 들려준 사람은 그 일 이후로 수십 년이 지났지만, 아직도 그때의 기억이 생생하다고 했습니다. 하나님께서는 이런 진실한 성도들을 여기저기 숨겨 두시고 적기에 나타나게 하십니다. 이들은 하나님의 공급과 격려를 전달하는 은혜의 통로들로 쓰임을 받습니다. 다른 사람들에게 감사 거리를 운반하는 은혜의 통로가 되는 것은 큰 특권입니다.

하나님의 복을 주의 일꾼들에게 실어 나르는 것은 매우 귀한 일에 쓰임을 받는다는 증거입니다.

: 하나님이 숨겨 두신 공급자가 있습니다.

선지자 학교에 식량을 가져온 사람은 '바알 살리사' 라는 곳에서 왔다고 했습니다. 이곳은 에브라임 산지에 있는데 아무도 그렇게 먼 곳에서 길갈까지 식량을 들고 올 줄은 몰랐습니다. 하나님은 자기 백성을 숨겨 두시고 필요한 때에 적절하고 요긴하게 사용하십니다. 이 사람은 분명 하나님께서 이세벨의 박해 시기에 숨겨 두었던 칠천 명 중의 한 사람이었을 것입니다. 그는 조용히 나타났다가 조용히 사라졌습니다. 그는 하나님의 심부름꾼이 되어 자선을 베풀고 자신의 일터로 돌아갔습니다. 교회사는 이런 예상치 못한 하나님의 자비의 심부름꾼들로 가득합니다. 우리도 일상사에서 이러한 하나님의 심부름꾼들을 만납니다. 그들은 대체로 유명하지도 않고 그다지 부유하지도 않습니다. 오히려 가난한 사람들이 하나님의 일에 더 넘치게 충성합니다.

바울은 마게도냐 교회가 궁핍과 시련 가운데서 후한 헌금을 한 것을 특기하였습니다.

"환난의 많은 시련 가운데서 그들의 넘치는 기쁨과 극심한 가난이 그들의 풍성한 연보를 넘치도록 하게 하였느니라"(고후 8:2).

궁핍한 때에 후히 주는 자들은 하나님의 은혜를 받아 누리는 자들입니다. 그들의 헌금은 언제나 감동을 주며 감사를 자아냅니다. 본인은 지난 14년 동안 「양들의 식탁」이라는 월간 강해지를 비매품으로 출판하였습니다. 극히 작은 규모의 문서 사역이었는데 어려운 때에 '바알 살리사'에서 온 사람들로부터 도움을 받은 적이 한 두 번이 아니었습니다.

그들의 후원이 없었다면 이 일은 잠시도 지속할 수 없었을 것입니다. 그들의 지원은 두 가지 측면에서 저에게 도움이 되었습니다. 하나는 저 자신에게 큰 격려가 되었습니다. 누군가 본인의 복음 사역의 가치를 소중하게 여기는 자들이 있다는 것을 아는 것은 "내 마음이 약해질 때에"(시 61:2) 힘이 솟게 합니다. 또 하나는 이따금 후한 자원 후원금을 받기도 하여 감사하지 않을 수 없었습니다. 그러나 대부분 소수의 독자가 소액의 후원을 하기에 항상 하나님을 바라며 주님을 의존하게 되었습니다. 만일 모든 것이 넘치게 공급되었다면 간절한 기도를 하거나 하나님을 항상 의존하는 믿음이 생기지 않았을 것입니다.

하나님께서는 엘리사 선지자의 학교가 독 호박 사건으로 문을 닫게 되는 것을 막아 주셨고, 계속되는 흉년으로 굶주리는 제자들에게 뜻하지 않던 곳으로부터 양식을 공급받게 하셨습니다. 하나님이 숨겨두신 '바알 살리사'의 사람들은 우리의 필요를 채우기에 넉넉합니다.

문제는 우리가 그들에게서 올 수 있는 도움을 기대하지 않는 것입니다. 우리는 하나님의 자원과 지혜로운 방법이 무한대라는 것을 잘 믿지 못합니다. 우리는 그들이 내 집 문 앞에 나타나기 전에는 그들을 알아보지 못합니다. 그러나 우리는 하나님께서 적기에 우리를 돕기 위해서 숨겨두신 '바알 살리사' 사람들이 있다는 사실을 믿고 하나님을 더욱 신뢰해야 합니다.

: 하나님이 주시는 선물은 나누어야 합니다.

우리가 하나님께로부터 받는 모든 선물은 나누어 가져야 더 큰 은혜가 됩니다. 엘리사는 예물로 들어온 첫 수확의 양식을 자기는 손도 대지 않고 공동체를 위해 나누라고 시종에게 지시하였습니다. 우리가 가진 물질과 은사는 하나님의 나라를 위해 사용되도록 의도되었습니다. 누구도 자신만을 위해서 하나님이 주신 선물을 혼자 움켜쥐고 있어서는 안 됩니다.

복은 흘러가야 합니다. 흐르지 않는 복은 이기적인 탐욕의 발로이며 나눔의 광장인 공동체가 함께 감사하고 기뻐할 기회를 앗아갑니다. 하나님의 선물이 내 손에 들어오면 제일 먼저 생각해야 하는 것이 청지기 직입니다. 하나님께서 선물을 주실 때는 믿음의 공동체와 복음을 위해서 잘 사용해야 하는 책임을 맡기신 것으로 알아야 합니다. 하나님께서는 마지막 날에 우리 각자의 청지기 직에 대해 평가하실 것입니다. 그때 '잘하였도다'라는 칭찬을 받아야 하지 않겠습니까? 나눔의 정신과 실천이 없는 자들은 평생을 소유욕에 붙잡혀 믿음의 형제자매에게 무관심하고 인색한 삶을 삽니다. 더 나쁜 것은 믿음 생활에서 멀어지고 점점 더 세속적인 물욕에 빠져 회복하기 어려운 영적 손상을 입는 것입니다.

"부하려 하는 자들은 시험과 올무와 여러 가지 어리석고 해로운 욕심에 떨어지나니 곧 사람으로 파멸과 멸망에 빠지게 하는 것이라 돈을 사랑함이 일만 악의 뿌리가 되나니 이것을 탐내는 자들은 미혹을 받아 믿음에서 떠나 많은 근심으로써 자기를 찔렀도다"(딤전 6:9-10).

그런데 여기서 끝나지 않습니다. 사후에 그런 사람들은 그릇된 청지기 직과 탐심에 대한 심판을 받습니다.

"이는 우리가 다 반드시 그리스도의 심판대 앞에 나타나게 되어 각각 선악간에 그 몸으로 행한 것을 따라 받으려 함이라"(고후 5:10)

우리는 하나님의 일에 인색하고 맡은 재물에 대한 올바른 청지기 직을 게을리하다가 그리스도의 심판대 앞에서 부끄러움을 당하는 일이 없어야 하겠습니다(요이 2:28).

: 최선의 희생은 최소의 분량이라도
   최대의 효과를 냅니다.

바알 살리사에서 온 농부는 최선의 예물을 엘리사에게 드렸습니다. 엘리사는 이를 모두 제자들에게 분배하라고 시종에게 분부하였습니다. 엘리사의 시종은 매우 냉소적인 반응을 보였습니다.

"그 사환이 이르되 내가 어찌 이것을 백 명에게 주겠나이까"(43절). 엘리사는 사환의 부정적인 반응과 상관없이 하나님의 약속을 언급하며 "무리에게 주어 먹게 하라"(43절)고 재차 지시하였습니다. 이번에는 시종이 순종하였는데 "여호와께서 말씀하신 대로 먹고 남았더라"(44절)고 했습니다. 우리는 본 에피소드에서도 적지 않은 교훈을 배울 수 있습니다.

분량이 적어도 나누어 주고 주께서 불려 줄 것을 기대해야 합니다.

바알 살리사의 농부가 준비한 양식은 선지자 학교의 공동체를 먹이기에는 많이 부족하였습니다. 그러나 양식을 나누어주기 시작했을 때 부족은 채워지고 오히려 남게 되었습니다. 하나님의 나라에서는 풍성히 누리려면 아낌없이 주어야 합니다. 부유하게 되는 길은 내 손의 물질을 다른 사람을 위해서 풀어놓는 것입니다. 우리의 소유는 하나님을 위해서 사용할 때에는 없어지는 것이 아니고 불어납니다. 증식의 원리는 하나님을 신뢰하고 후하게 나누어 줄 때 늘어난다는 것입니다. 바알 살리사 농부는 자신의 예물을 엘리사 앞에 놓고 떠났습니다. 엘리사는 그 선물을 시종에게 넘겨 주었습니다. 그리고 시종은 무리에게 나누어 주었습니다. 그 결과가 무엇입니까? 모든 사람이 배불리 먹고도 남았습니다.

우리는 계산에 너무 묶여 사는지 모릅니다. 보리 떡 이십 개면 이십 명만 먹을 수 있다고 생각합니다. 엘리사의 시종은 처음에는 자신의 불신과 능력의 한계에 자신을 가두었습니다. 그는 하나님이 어떤 능력을 갖추신 분인지를 헤아리기보다는 자신의 능력을 계산하였습니다. 하나님을 섬길 때 우리 자신의 미미한 능력에 매이면 패배를 자초할 뿐입니다. 우리는 하나님께서 우리가 생각하거나 구하는 것 이상으로 채우실 수 있는 분임을 믿어야 합니다(엡 3:20). 엘리사의 시종이 가졌던 문제는 보리떡의 분량이 적어서가 아니라 그 보리 떡의 분량을 넘어서 역사하시는 하나님의 능력을 보는 믿음의 눈이 없는 것이었습니다. 그러나 하나님의 능력은 우리의 계산 방법에 묶이지 않습니다. 이십 개의 빵은 백 명을 먹이고도 남는 분량으로 늘어났습니다. 이 교훈을 가장 잘 실천하신 분은 예수님입니다.

예수님은 갈릴리 호수 동쪽에서 많은 무리를 보시고 그들을 불쌍히 여기셨습니다. 예수님이 빌립의 믿음을 테스트하기 위해 어디서 무리를 위한 음식을 구하겠느냐고 물으셨을 때 그 대답은 불가능하다는 것이었습니다. 그의 계산에 의하면 이백 데나리온의 떡이 있어도 부족하였습니다. 그도 엘리사의 시종과 동일한 사고방식을 가진 자였습니다. 안드레도 한 소년의 오병이어를 예수께 언급했지만, 그것이 수많은 무리의 양식이 될 수 없지 않겠느냐고 반문하였습니다. 이것은 엘리사의 시종이 보인 부정적이고 냉소적인 반응과 같습니다. 그런데 예수님은 불과 보리 떡 다섯 개와 생선 두 마리로 오천 명이 배불리 먹고도 남아서 열두 바구니에 가득 채울 수 있는 양식이 되게 하셨습니다(요 6:5-13).

하나님의 능력은 지금도 마찬가지입니다. 문제는 우리가 주님께 바치는 헌신의 예물이 있느냐는 것입니다. 우리의 최선이 담긴 물질과 은사와 시간과 봉사와 선행을 주 앞에 내려놓으면, 주님은 우리의 계산 방식이 아닌 주님의 증식 원리에 따라 놀라운 은혜를 베푸십니다. 주님의 증식을 기대하고 나의 최선을 바쳐 보십시오. 여러 배의 보상을 체험할 것입니다.

바알 살리사에서 양식을 가지고 온 농부가 자신의 선물이 백 명이나 되는 무리를 배불리 먹이고도 남게 되었다는 기적의 소식을 듣게 되었을 때를 상상해 보십시오. 얼마나 기뻤겠습니까! 이것이 하나님을 위해서 최선의 희생을 하는 자가 받는 하늘의 보상입니다. 이러한 보상은 커다란 동기부여를 일으킵니다. 이 농부는 더욱 열심히 농사하여 하나님께 더 바쳐야 하겠다고 마음먹었을 것입니다. 그는 분명 평생을 더욱더 드리는 삶으로 계속 살았을 것입니다. 주님을 위한 최선의 희생은 최소의 분량에서도 최대의 효과를 냅니다.

작은 것의 가치가 큰 감동을 줍니다.

우리는 흔히 나의 작은 것이 하나님에게 무슨 소용이 있으랴 싶어 움츠러듭니다. 돈이 많거나 큰 은사가 있어야 주의 일을 도울 수 있을 것으로 생각합니다. 그렇지 않습니다. 아마 두 렙돈의 헌금을 했던 예루살렘의 과부는 자기가 드리는 것이 하나님에게 도움이 될 것으로 여기지 않았을 것입니다. 그러나 주님은 그녀의 작은 선물을 사용하여 주는 것에 대한 중요한 교훈으로 삼으셨습니다(눅 21:1–4). 이 가르침으로 2천 년 동안 많은 성도에게 진심과 희생으로 바치는 헌금의 참뜻이 새겨짐으로써 한 가난한 과부의 작은 선물이 증폭됐습니다. 우리가 참 마음으로 희생의 선물을 주께 드리면 주님은 자신의 용도를 위해 그 가치와 분량을 놀라운 방법으로 늘리십니다. 주님은 과부의 두 렙돈으로 언제나 우리에게 진한 감동을 일으키는 '증식의 하나님'이십니다.

우리도 "바알 살리사에서부터 온 사람"과 같은 형편에 놓일 수 있습니다. 주님을 위해서 드릴 수 있는 것을 최선 것 바치지만, 당면한 필요를 채우기에는 턱없이 모자랍니다. 우리의 자원과 능력은 하나님이 주신 소명을 성취하기에는 항상 부족합니다. 그러나 하나님께서는 우리의 작은 물질이나 은사들을 결코 무시하거나 무용하다고 물리치시지 않습니다.

하나님을 '증식의 주인'으로 알지 못하는 자들만이 분량과 크기를 따집니다. 우리의 부족에도 불구하고 우리가 행할 수 있는 최선의 희생을 주께 바치면 됩니다. 그러면 바알 살리사의 농부가 가져온 양식이나 한 소년의 오병이어처럼 기적의 양식으로 불어날 것입니다. 우리는 주님을 위해서 바칠 수 있는 것이 한정되어 있습니다. 그러나 주님의 손에서 우리의 자원과 재능은 우리가 성취하려고 꿈꾼 것보다 훨씬 더 큰 일을 일궈내는 기적을 일으킵니다.

: 믿음과 순종은 맹목적이 되어서는 안 됩니다.

믿음과 순종이라는 말은 모호할 때가 많습니다. 교회에서 자주 사용하는 용어치고 모호하지 않다고 말할 수 있는 경우가 많지 않은 듯합니다. 사용 빈도수가 높은 말들은 대부분 추상적입니다. 일차적인 원인은 처음부터 가르치는 사람이 성경의 용어를 바르게 전달하지 않았기 때문입니다. 이차적인 원인은 오용을 막지 않았기 때문입니다. 그 결과는 혼란이며 원칙 없는 적용입니다. 앞에서 다룬 증식의 교훈도 하나님께서는 늘려주시는 분이니까 믿고 순종하라는 식으로 가르칠 수 있고, 듣는 사람도 자기 마음대로 아무것에나 적용할 수 있습니다. 그래서 우리는 비록 원칙적인 진리라도 구체적인 내용을 숙지하여 본래의 성경적 의미의 범위 안에서 적용해야 합니다.

엘리사는 예물로 들어온 양식을 무리에게 나누어 주라고 시종에게 지시하였습니다. 엘리사는 선지자니까 믿음이 좋아서 그렇게 한 것이 아닙니다. 믿음은 무조건 믿는 것이 아닙니다. 순종도 무턱대고 하는 것이 아닙니다. 엘리사는 하나님께서 전능하신 분이니까 자기가 원하는 것을 거뜬히 해결하실 것이라고 믿지 않았습니다. 그럼 그는 무엇을 믿고 무리에게 다 나누어 주라고 하였을까요? 엘리사는 하나님의 분명한 약속을 믿었습니다. 믿음은 "거짓이 없으신 하나님"(딛 1:2)의 변치 않는 성품과 능력에 근거한 약속을 신뢰하는 것입니다. 엘리사는 자신의 능력과 재원의 분량에 한계점을 찍고 하나님의 능력과 약속에 전적으로 투신하였습니다. 그는 양식 분배의 순종을 거부하는 시종에게 하나님의 증식의 약속이 주어졌음을 지적하였습니다.

"엘리사는 또 이르되 무리에게 주어 먹게 하라 여호와의 말씀이 그들이 먹고 남으리라 하셨느니라"(43절).

엘리사는 하나님으로부터 받은 약속이 있었기 때문에 양식이 모든 제자에게 넉넉히 돌아갈 것을 믿었고, 그의 시종도 하나님의 약속이 있음을 알고 순종하였습니다. 그 결과는 "여호와께서 말씀하신 대로 먹고 남았더라"(44절)는 것입니다. 여기서 주목할 것은 여호와의 약속의 말씀이 있었다는 것이고 그 약속을 믿고 순종했더니 역시 여호와께서 약속하신 대로 이루어졌다는 것입니다.

그렇다면 '내가 원하는 것을 주실 줄로 믿습니다!' 라는 식의 개인 소원은 아무리 '믿습니다' 라고 큰소리로 외쳐도 하나님의 약속에 근거한 것이 아니기 때문에 증식의 기적이 일어날 것을 기대할 수 없습니다. 믿음의 행위는 무용담이 아닙니다. 하나님의 기적은 약속했을 때에만 보장될 수 있습니다. 그런데 이 약속마저도 조건부입니다. 엘리사는 빵을 나주어 주면 모두 배불리 먹고도 분량이 남을 만큼 불어날 것이라는 약속을 받았습니다. 그런데 믿음으로 이를 순종하기 전까지는 성취될 수 없었습니다. 그래서 예수님도 오천 명을 먹이실 때에 "무리에게 주어 먹게 하라"(왕하 4:40, 41, 43)는 지시를 내렸습니다(막 6:41; 눅 9:16). 하나님이 약속하신 것을 믿었으면 하나님의 지시를 순종해야 합니다.

그런데 하나님이 보장하시는 않는 것을 내가 지어낸 믿음으로 억지 확신을 하면서 청구하면 어떻게 될까요? 낭패를 당합니다. 본문에서 하나님의 약속이 먼저 주어졌다는 사실을 꼬리표로 단단히 붙여놓았습니다. 엘리사는 이 교훈을 선지자 훈련을 받는 제자들에게 실물 교재로 사용하였습니다. 이런 훈련이 없이 선지자 노릇을 하면 실패합니다. 하나님이 약속하시지 않은 것을 받아내려고 하거나 받을 수 있다고 장담하는 자들은 자신을 속이고 남도 기만하는 자들입니다. 그들은 거짓 선지자들입니다.

우리는 근본적으로 하나님을 신뢰해야 합니다. 그분의 전능을 믿어야 합니다. 그분의 도우심을 기대해야 합니다. 그분의 사랑을 확신해야 합니다. 그러나 하나님의 약속이 무엇인지를 살펴보고 확인해야 합니다. 하나님의 증식을 믿고 나누는 책임을 이행해야 합니다. 복음의 말씀을 나누고 주님의 선물을 나누십시오. 십자가의 사랑을 나누고 하나님의 일을 나누십시오. 우리의 여건이 여의치 못하여도 하나님의 돌보심을 신뢰하고 꾸준히 선을 행하십시오. 하나님의 늘리심은 종종 우리가 겪는 역경 가운데서 일어납니다. 그러나 하나님이 약속하신 일이 아닌 것에 내 믿음과 확신을 걸고 무모하게 도전하지 마십시오. 믿음은 모험이 아닙니다. 믿음은 눈먼 신념이 되어서는 안 됩니다.

하나님이 주시지 않은 약속을 억지 확신으로 '주실 줄로 믿습니다' 라는 식의 주장을 삼가야 합니다. 믿음은 어둠 속으로 뛰어드는 무모한 만용이 아니고 말씀의 빛 속에서 뛰는 순종입니다. 믿음은 하나님의 말씀의 신뢰성에 기반을 둔 것이어야 합니다. 믿음은 우리가 확신할 수 없는 데에도 자신을 억지로 설득시키는 것이 아닙니다. 믿음은 억지도 아니고 그런 척하는 것도 아니며 남따라 나도 덩달아 믿는다고 말하는 것이 아닙니다. 하나님의 말씀에 붙잡혀서 마음으로 확실히 믿고 확신해야 합니다. 분위기나 심리적 조종에 의해서 '믿습니다' 라고 고백하는 것은 종교적 허영입니다. 믿음은 맹목도 아니고 추상적인 낙관도 아닙니다. 믿음은 타락한 인간에게서는 저절로 나오지 않습니다. 성경은 "믿음은 모든 사람의 것이 아니니라"(살후3:2)고 하였습니다. 그래서 거짓 사역자들이 심리적 유도를 하거나 인위적인 설득을 하여 마음을 현실로부터 빼앗고 거짓된 약속을 믿게 합니다.

: 본 장은 '한 사람'(4:42)의 이야기입니다.

열왕기하 4장은 "한 사람"의 이야기입니다. 어떤 제자의 아내로서 과부가 된 "한 여인"(1절)이 엘리사를 찾아와서 도움을 청하였습니다. 수넴 지역의 "한 귀한 여인"(8절)이 엘리사를 자기 집에 모셨습니다. 길갈의 선지자 학교에서 "한 사람"(39절)이 들 호박을 따와서 국을 끓였습니다. 그리고 바알 살리사에서 "한 사람"(42절)이 보리 떡과 햇 곡식을 담아서 엘리사에게 바쳤습니다. 우리는 이 '한 사람'의 정체를 모릅니다. 그들에게는 이름이 없습니다. 왜 이름을 밝히지 않았을까요? 한마디로 저자의 관심이 딴 데 있기 때문입니다.

우리의 관심은 사람에게 쏠립니다. 어떻게 생겼고 어떤 집안이며 무슨 학교를 나왔고 무슨 직업을 가졌는지를 자세히 알기 원합니다. 그러나 하나님은 언론 기자도 아니고 정보원도 아니십니다. 성경의 가치관에서 보면 '한 사람'의 이름은 그다지 중요하지 않습니다. 중요한 것은 그들을 통해서 역사하시는 하나님의 구원의 섭리입니다. 우리는 이름 모를 '한 사람' 뒤에 서 계시는 하나님을 보아야 합니다. 그 '한 사람'의 이름은 하나님이 기억하시는 것으로 충분합니다. 아무리 세상에서 유명하여도 하나님께서 기억하시지 않는 이름들은 소용이 없습니다. 아무리 위대한 인물이라도 하나님이 인정하시고 감추어 두신 이름이 아니면 무익할 뿐입니다. 자신을 알려서 사람들의 칭송을 받는 유명인사들은 이미 자기 상을 받았습니다.

참 경건은 자신을 드러내려고 애쓰지 않습니다. 참된 하나님의 사람들은 자신이 알려지지 않아도 상관없다고 생각합니다. 바알 살리사에서 온 사람은 자신의 선행을 알리기 위해서 명함을 놓고 가지 않았습니다. 자신의 선물에 자기 이름과 주소를 기재하지 않았습니다. 그는 자신이 하나님의 자비와 돌보심을 드러내는 일에 조금이라도 도움이 되는 것으로 만족하였습니다.

본 장 전체에서 소개되는 '한 사람'들은 모두 훌륭한 성도들이었습니다.

＊ 엘리사에게 찾아와서 가난을 호소했던 한 선지자 생도의 미망인은 믿음으로 빈 그릇을 기름으로 채웠습니다.

＊ 수넴 여자는 자신의 재물로 엘리사 선지자를 섬겼으며, 자기 아들이 죽었을 때 엘리사를 향해 믿음으로 달려갔습니다.

＊ 길갈의 선지자 학교의 '한 사람'은 자진하여 수련생들의 양식을 위해 들 호박을 따와서 국을 끓여 배식하였습니다. 그러나 그의 선행은 죽음의 독국을 나누어 주는 예기치 못한 불상사를 낳았습니다. 하지만 하나님께서는 그의 선행으로 마련된 음식이 해독되게 하심으로써 안전한 음식으로 바뀌는 기적의 체험을 그와 모든 제자가 갖게 하셨습니다.

* 바알 살리사에서 온 '한 사람'은 흉년으로 음식이 떨어진 제자들에게 귀한 양식을 가져 왔습니다. 하나님께서는 그 양식이 모두 먹고 남을 만큼 불어나게 하셨습니다.

이들은 하나님께서 사용하신 성도들이었습니다. 그러나 그들의 이름은 나타나지 않습니다. 엘리사는 그들이 헌물을 많이 했다고 광고를 하지도 않았고 주의 사역을 크게 도왔다고 직분을 주지도 않았습니다. 성경의 저자는 이들의 이름은 숨기고 하나님의 일을 드러내었을 뿐입니다. 그 의도는 우리의 시선을 하나님께 두고 그분의 돌보심과 크신 능력을 의존하게 하며 그분을 찬송하게 하기 위함이었습니다. 우리의 관심은 사람의 이름을 드러내는 일이 아니고 하나님의 이름을 드러내고 높이는 일에 쏠려야 합니다. 참 경건은 하나님께서 숨기신 자들 뒤에서 역사하시는 하나님을 보고 찬양하는 것입니다.

세례 요한을 생각해 보십시오. 그는 자신의 이름을 챙기지 않았습니다. 그는 메시아이신 예수님의 이름이 높임을 받는 것에서 전적인 기쁨과 만족을 얻었습니다. 그는 자신이 하나님 나라를 위한 도구로 사용된다는 사실을 명심하였습니다. 그는 자신의 소명에 충실함으로써 메시아에게 사람들의 시선이 쏠리게 하였습니다. 그는 세상 죄를 지고 가는 하나님의 어린 양을 보라고 외쳤습니다. 그는 광야에서 외치는 자기를 보라고 외치지 않았습니다. 그는 자신의 명성에 관심이 없었습니다. 자신의 이름을 위하여 소명을 받은 자는 아무도 없습니다. 우리는 모두 주의 이름을 위하여 부르심을 받은 자들입니다. 그렇다면 우리는 자아로부터 시선을 돌려 오직 주 예수 그리스도의 이름만을 위해서 살아야 합니다.

엘리사는 '바알 살리사'의 사람을 붙잡아 두고 제자들에게 소개하거나 그의 이름을 광고하지 않았습니다. 이것은 중요한 교훈입니다. 우리는 누가 우리에게 선을 행하면 감사하고 싶습니다. 그래서 그 사람이 누구인지 알기를 원합니다. 이것은 어쩌면 당연한 일일 것입니다. 그러나 무명으로 선을 행하려는 자들의 뜻을 존중해야 합니다. 개인적으로 감사를 표현하는 것과 공지 사항처럼 발표를 하는 것은 별개의 문제입니다. 이와 관련해서 교회에서 아직도 헌금자의 이름을 주보에 싣고서 모든 사람이 다 보게 하는 관습은 고쳐야 합니다. 내 이름이 헌금자 명단에 올라간 것을 보아야 안심이 되고, 자신이 하나님께 바칠 것을 바쳤다는 확인이 되어 마음이 놓일지 모릅니다. 교회 측에서도 어쩌면 헌금을 잘 받았다는 사실을 알리고 또한 이것이 모든 회중에게 헌금을 격려하는 계기가 된다고 여길지 모릅니다. 만약 그런 뜻이라면 이보다 더 나은 방법을 찾아야 합니다. 더 나은 방법은 성경의 가르침대로 하는 것입니다. 하나님께 마땅히 할 일을 했다면 입을 다물고 있는 것이 좋습니다. 하나님이 훤히 다 아시기 때문입니다.

성경에서 왜 주를 위해 선을 행한 자들의 이름이 대부분 밝혀지지 않았는지를 생각해 보십시오. 주님이 왜 오른손이 하는 일을 왼손이 모르게 하라고 교훈하셨는지를 생각해 보십시오. 실제적인 이유에서, 예를 들면 세금 공제를 받아야 하므로 자신의 이름을 밝히고 헌금을 해야 하는 경우라면 실무자만 알면 됩니다. 이것을 모든 교인이 보도록 주보에 실을 필요는 없습니다. 우리가 위로나 확인이나 격려의 목적으로 이런 일이 필요하다면 다시 성경의 가르침으로 돌아가야 합니다.

예수님은 제자들이 전도 여행에서 돌아와서 귀신들도 항복하였다고 보고하며 기뻐하는 것을 보시고 오히려 "너희 이름이 하늘에 기록된 것으로 기뻐하라"(눅 10:20)고 하셨습니다. 제자들은 갑자기 유명해졌습니다. 그 누구도 제압할 수 없는 귀신들을 주의 이름으로 항복시켰기 때문입니다. 그들은 자기들이 대단한 존재가 되었다고 여겼을 것입니다. 그때 예수님은 찬물을 끼얹듯이 "귀신들이 너희에게 항복하는 것으로 기뻐하지 말라"(눅 10:20)고 하셨습니다. 우리가 주의 이름으로 무슨 일을 하든지 또 그 결과가 어떤 것이든지 진정으로 우리의 기쁨과 확신과 격려가 되어야 하는 것은 우리 이름이 하늘에 기록되는 것입니다.

우리가 인간에게 호감을 사는 제도나 관습을 정해놓고 하나님을 섬기려고 하는 것은 우리 방식이지 하나님의 방식이 아닙니다. '바알 살리사'에서 온 무명의 농부가 주의 이름으로 선행을 하고 돌아간 후에도 무명의 이름으로 남겨진 사실을 기억하십시오. 그의 이름은 성경에 적혀 있지 않지만, 하늘 기록에는 영원히 남아서 언젠가는 다 알게 될 것입니다. 그들은 때가 오면 온 우주 앞에서 주님의 칭찬과 인정을 받게 될 것입니다.

우리는 주님의 도구에 불과합니다. 자신에게 시선을 모으려고 하지 말고 은밀한 선행을 보시고 마음에 담아두시는 하나님께 우리의 시선을 모아야 합니다. 우리는 주님 자신에게서 우리의 가치와 기쁨을 발견하고 그분을 찬양하는 일로 전적인 보람을 느껴야 합니다. 그렇지 않으면 자신이 드러나고 싶은 유혹에 이끌리기 쉽습니다. 그러면 교회와 세상에서 알려지고 자기 마음도 뿌듯해질지 모릅니다. 우리는 그런 사람들이나 그런 일을 부추기며 자신들의 목적을 위해 이용하는 자들을 본받지 말아야 합니다. 왜 그래야 할까요? 주님이 그런 식으로 하나님을 섬기는 자들에게는 하늘에서 받을 상이 없다고 하셨기 때문입니다(마 6:1-8).

출판 사역을 하는 가까운 지기에게서 들은 이야기가 있습니다. 때때로 목사님들이 일체의 비용을 다 대겠으니 자기 책을 내어 달라고 큰 사진과 길고 화려한 경력을 적어서 보내온다고 합니다. 그러나 전혀 가치가 없는 원고들이랍니다. 자신들의 알량한 설교들을 모은 것인데 이름을 내기 위해 교회 돈으로 기념 출판을 하려는 것이 대부분이라고 했습니다. 그런데 거절을 하면 매우 불쾌하게 여긴답니다. 만약 성경책에 자기 이름을 넣어 줄 테니 지원하라고 한다면 어떤 일이 일어날까요? 자원해서 이력서를 낼 자들이 수두룩할 것입니다. 주를 위해 큰 교회당을 세웠고, 선교 헌금에 거액을 바쳤으며, 어떤 학위를 가졌고, 어떤 표창을 받았으며 또 얼마나 많은 직분을 받고 크게 봉사했는지를 과시하고 과장하면서 다투어 성경 속에 자기들의 이름을 넣으려고 애쓸 것입니다.

성경의 저자들은 하나님을 드러내기 위해서 필을 들었습니다. 비록 부득불 사람의 이름이 밝혀지는 경우라도 초점은 역시 하나님에게 두었습니다. 하나님께서는 우리에게 알려지지 않은 많은 숨겨진 이름들을 가슴속에 간직하고 계십니다. 우리의 성경책에는 '한 사람'들의 이야기가 더는 포함될 수 없습니다. 그러나 우리 각자가 만드는 '한 사람'의 이야기들은 지금도 하늘 책에 기록되고 있습니다. 때가 되면 하늘의 별처럼 하나님의 나라에서 누구나 보도록 빛나게 될 것입니다. 하지만 이 세상에서 자기 이름을 위하여 산 사람들의 명성은 바람에 날리는 재처럼 사라질 것입니다. 여호와의 이름을 위하여 자기 이름을 숨기는 성도들의 겸비와 경건으로 하나님의 나라가 진행되게 하는 것이 하나님의 뜻입니다. 하나님은 그런 성도들에게 후히 갚아주실 것이라고 약속하셨습니다.

우리 하나님은 위대한 스토리텔러(storyteller)이십니다. 우리는 지상에서 하나님의 스토리가 되기 위해서 날마다 엮어지는 중입니다. 하나님의 영예와 그분의 복음을 위해서 주 예수의 이름으로 행하는 모든 일이 이름 모를 '한 사람'의 이야기로 엮어집니다. 그리하여 새 하늘과 새 땅이 내려올 때 이름 없던 그 '한 사람'들의 이야기가 하나님의 스토리로 들려질 것입니다. 그때 우리는 하나님께서 나의 숨겨진 희생과 선행을 주님 자신의 스토리로 만드시고 갱신된 온 세상 앞에서 들려주시는 경이로운 은혜를 체험하게 될 것입니다.

나의 감추어진 스토리가 하나님의 공개된 스토리가 될 때까지 소망으로 인내하며 낙심하지 말고 선을 행하십시오. 그때가 오기까지 하나님의 원고를 사람의 방식대로 편집하려고 하지 마십시오. 하나님은 최고의 스토리 텔러이십니다. 하나님께서 자기 일을 자신의 지혜와 뜻대로 진행하게 하십시오.

우리는 하나님의 스토리를 불리거나 각색하거나 사람들 앞에서 미리 자랑하지 말아야 합니다. 우리는 하나님의 스토리를 개선할 수 없습니다. 하나님께서 우리 각자의 스토리를 아무도 모르는 내밀한 부분까지 사실대로 평가하시고 신령한 필치(筆致)로 적으시도록 방해하지 마십시오. 우리가 하나님의 작품을 위해 도울 일이 있다면 우리의 선행과 충성과 신실의 삶을 자료로 공급해 드리는 것입니다. 우리는 하나님께서 원하시는 아름다운 스토리를 엮어내시도록 힘쓰면 됩니다. 하나님께서는 우리의 부족을 채우시고 우리의 결함을 가리시며 우리의 못다 한 헌신을 자비와 이해로 메우시고 인간들이 만들 수 있는 그 어떤 스토리보다도 훨씬 더 나은 구원의 스토리가 되게 하실 것입니다.

하나님께서 내 삶의 스토리들을 편집하여 '한 사람'의 이야기가 되도록 겸비와 충성으로 주를 섬기십시오. 하나님은 우리보다 훨씬 더 위대하신 storyteller 이십니다. 하나님께서 우리의 스토리를 자신의 스토리로 훌륭하게 편찬하시도록 인간적인 지혜나 편법이나 그릇된 관습이나 이기적인 동기로 간섭하지 마십시오. 미리 상을 받는 일을 삼가야 합니다. 하나님의 원고가 다 완성될 때까지 믿음과 인내로 기다리십시오. 하나님의 원고를 내가 미리 책으로 편집하고 광고를 하거나 사람들 앞에서 나팔을 불지 마십시오. 하나님은 이름이 밝혀지지 않은 모든 '한 사람' 들의 이야기를 다 알고 계십니다.

여러분은 어떤 스토리를 만들어가고 있습니까? 하늘의 storyteller 가 즐겁게 사용할 수 있는 이야기로 자신의 삶을 엮고 있습니까? 하나님께서 우리 각자의 스토리를 기록하시면서 날마다 안타까워하시고 불편해하시지는 않을까요? 혹은 주를 위해 사는 삶이 너무 힘들다고 느끼지는 않습니까? 오늘날의 교회 현실과 하나님의 백성이 처한 상황은 의인의 마음을 상하게 하고도 남습니다. 의로운 롯의 심령으로 사는 일이 때때로 침체와 좌절을 불러옵니다. 그러나 "우리가 선을 행하되 낙심하지 말지니 포기하지 아니하면 때가 이르매 거두리라"(갈 6:9)고 하였습니다. 다음 말씀들도 기억하고 다시 힘을 내시기 바랍니다.

"하나님은 불의하지 아니하사 너희 행위와 그의 이름을 위하여 나타낸 사랑으로 이미 성도를 섬긴 것과 이제도 섬기고 있는 것을 잊어버리지 아니하시느니라"(히 6:10)

"그러므로 내 사랑하는 형제들아 견실하며 흔들리지 말고 항상 주의 일에 더욱 힘쓰는 자들이 되라 이는 너희 수고가 주 안에서 헛되지 않은 줄 앎이라"(고전 15:58)